日本労働社会学会年報

2024

第35号

労働社会の変容とワーキングプア

日本労働社会学会

The Japanese Association of Labor Sociology

2024 目　次 日本労働社会学会年報 35

ANNUAL REVIEW OF LABOR SOCIOLOGY

2024, No.35

Contents

The Japanese Association of Labor Sociology

特集　労働社会の変容とワーキングプア
―階級論を基盤として―

日本労働社会学会年報第35号〔2024年〕

現代日本における階級構造の変容とアンダークラス

橋本　健二
（早稲田大学）

1．はじめに

「格差社会」という言葉が流行語になったのは、2005年から2006年にかけてのことである。その後、この言葉はすっかり定着し、現代日本を語る際に不可欠のものとなった。そして研究者たちは領域を超えて、格差を主要な研究テーマのひとつに加えることを求められるようになったといってよい。

労働社会学の視点から格差の問題を扱うなら、もっとも重要なのは労働者階級の内部の格差拡大、そして分断という問題であろう。もちろん従来から、男性労働者と女性労働者の間の格差は、労働社会学の重要な研究テーマのひとつだったのだが、ここに男性労働者内部の格差拡大と分断が加わることにより、格差は労働社会学の研究テーマとして、より包括的で一般的なものとなったということができる。

本稿の目的は、この労働者階級の分断という問題に対して、階級論の視点からアプローチすることである。この目的のため、まず資本主義社会の基本的な階級構造を確認し、さらに資本主義の発展段階と階級構造の関係を定式化し、これにもとづいて実証研究の方法を画定し、最後に社会調査データを用いた実証的分析を行なう。その要点は、「フレクシ＝グローバル資本主義」という資本主義の新しい段階が、必然的に労働者階級の分断を引き起こし、労働者階級の最下層として「アンダークラス」という、従来の労働者階級とは質的に異なる新しい階級分派を生み出したというところにある。

2．資本主義の発展段階と階級構造

(1) 資本主義社会における階級構造の原形

資本主義的生産様式は、近代社会における支配的な生産様式であり、その特徴は、生産手段が少数の人々によって集中的に所有され、他の大部分の人々は生産手段を所有していないところにある。前者の人々を資本家、後者の人々を労働者、それぞれを集合的に資本家階級、労働者階級と呼ぶ。

その社会に存在する生産様式が資本主義的生産様式だけであれば、存在する階級は、さしあたって資本家階級と労働者階級の2つだけである。しかし現実の社会には、一般にもうひとつの階級が存在してきた。それは商工農業を営む自営業者からなる階級である。このような人々が存在するのは、単純商品生産という生産様式が、資本主義的生産様式と併存しているからである。この生産様式は、それぞれ独自に生産手段を所有して事業を営む自営業者を、より上位の所有権を行使する封建領主が搾取するという封建的生産様式が、封建領主の消滅により変形して生まれたものである。これらの自営業者たちは、生産手段の所有者という資本家階級の性質と、生産労働に従事するという労働者階級の性質を兼ね備えており、その意味で中間階級ということができるが、後出の新中間階級と区別するため旧中間階級と呼ぶ。

旧中間階級が資本主義社会に一般的に存在する階級であるか否かという問題は、マルクス自身が、これを否定する見解と肯定する見解の2つを残したこともあり、それ自体が階級論における重要な争点のひとつであり続けてきた。しかし現状をみれば、結論は明らかだろう。今日まで旧中間階級は、一部で衰退はしても消滅の兆しはなく、それどころか企業および個人向けサービス業などにおいて、多様な形態で生み出され続けているからである。これには4つの理由がある。このうち2つはマルクス自身が指摘していることで、資本の有機的構成の高度化によって労働力需要が伸び悩み、旧中間階級の分解が妨げられること、そして商業分野で小規模経営が発展することである（Marx 1894=1966）。

現時点ではこれに、2つの理由を加えることができる。ひとつは、小規模経営の独自の競争力である。趣味性や専門性のある個性的な商品やサービスを供給する産業では、経営規模を拡大すると提供する商品やサービスが画一化し、存在意義を失うため、小経営が競争力を維持できるのである。もうひとつは、個人あるいは少人数経営の形で労働することを希望する人々の存在である。こうした経営形態のもとでの労働は、生産手段の自己所有にもとづく自律的労働であり、労働疎外を免れている。このためこれらの人々は、自分の労賃部分に相当する最低限の収入さえ得られるなら、自営業を選ぶのである。

以上の理由から、旧中間階級は今後も消滅する可能性は少ない。したがって資本家階級、労働者階級、旧中間階級が、資本主義社会に一般的にみられる3つの階級だと考えることができる。

(2) 独占段階と新中間階級の登場

しかし資本主義の発達とともに、新しい中間階級が登場する。それは資本家階級と労働者階級の中間の位置を占める、専門職や管理・事務職などからなる新中間階級である。

新中間階級（論者によっては新中間層、新中間身分）が最初に注目されたのは、19世紀末から20世紀初めのドイツにおいてである[1]。これには理由がある。それはこの時期、ドイツにおいて重化学工業と、これを支える金融資本の発展によって巨大資本＝独占資本が形成されたからである。つまり資本主義は、前期段階である自由主義段階から、次の段階である独占段階へ移行したのである。

独占段階において新中間階級が登場する最大の理由は、巨大な組織をもつ独占資本が膨大な管理・事務労働を必要とすることである。さらに独占段階が、後述するフォーディズム段階を迎えると、持続的な技術革新が必要になることから多くの専門技術職が雇用され、さらに福祉国家が形成されることにより、社会保障・医療・教育など、広い意味での社会政策のための諸制度において、多くの管理・事務職や専門技術職が雇用されるようになる。こうして新中間階級が登場し、拡大していくのである。

ここでいう自由主義段階から独占段階への移行は、もちろん宇野（1971）のいう自由主義段階から帝国主義段階への移行と重なる。しかし宇野は、ロシア革命以降の資本主義は「社会主義に対立する資本主義」であり、帝国主義段階は第

1次世界大戦までだとみなしていた。この規定は、現時点からみると明らかに問題がある。独占段階は、宇野のいう帝国主義段階のあと、変貌しながら今日まで続くと考えるべきだろう。そこには少なくとも、19世紀末から第1次世界大戦までの古典的帝国主義段階、世界大恐慌を経て米国から始まり第2次世界大戦後に先進各国へと拡大したフォーディズム段階、そして1980年代の不況期を経て始まり今日に至る新しい段階、の3つを区別することができる[2]。

(3) フォーディズム段階の階級構造

フォーディズム段階とは、フォード・システムを基軸とする製造業における生産性の上昇を反映した高賃金による大量生産と大量消費の循環を、ケインズ政策と福祉国家が外側から支えるという、資本主義の新たな段階である。フォーディズムという概念は米国の自動車メーカーに由来するが、このように名づけてしまうと、金融資本の役割、鉄鋼・石油・化学産業などフォード・システムになじまない重要産業の存在、ケインズ政策と福祉国家など、この時期の資本主義の他の側面が無視されがちになる難点がないではない。しかし、ほぼ完全に定着した用語でもあるので、受け入れておくことにしよう。

この段階では、新しい階級が登場したわけではないが、いくつかの変化があった。ひとつは先述のように新中間階級が急速に拡大したことである。そしてもうひとつは、企業規模の拡大にともなって経営者支配が進み、資本家階級の主流が資本の法的所有者から専門的経営者へと移行したことである。

労働者階級に関していえば、製造業を中心に、雇用が安定し中程度の技能水準と賃金水準を維持する、豊かな労働者階級が形成された。もっとも男性労働者と女性労働者の格差は大きかったが、男性稼ぎ手モデルのもとで形成された近代家族を単位としてみれば、格差が比較的小さい労働者階級が大規模に形成されていたとみてよい。

(4) フレクシ＝グローバル段階における階級構造の変貌

しかし20世紀末の不況期を経て、現代の階級構造には重要な変化が生じている。それは、資本主義社会の下層階級であるはずの労働者階級の、さらに下に位置する新しい下層階級の出現である。

フォーディズム段階の労働者階級は、被搾取階級であるとはいえ一般的には、提供する労働力の価値に見合うだけの賃金、つまり労働力を再生産すると同時に、子どもを産み育てて次世代の労働者階級を再生産することが可能なだけの賃金を得ていた。しかしながら近年、労働者階級の最下層に、こうした十分な賃金を得ることができない労働者の一群が形成されてきた。激増する非正規労働者である。

後述する2015年SSM調査によれば、有配偶女性を除く59歳以下の非正規労働者階級では、男性の66.4%、女性の56.1%が未婚であり、男性の70.8%、女性の52.3%には子どもがいない。これは非正規労働者が、その労働力の価値を大幅に下回る賃金しか受け取っていないこと、あるいはその労働力の価値が、次世代を再生産する費用を含まない形で再定義されていること、したがって労働者階級としての要件を満たしていないことを意味する。つまり正規労働者と非正規労働者では賃金の意味が根本的に異なるのであり、両者はほとんど別の階級とみてよいのではないか。このため本稿では、有配偶女性を除く非正規の労働者階級を「アンダークラス」と呼んで、正規雇用の労働者階級から区別することにしたい。アンダークラスは、労働者階級の一部であるとともに、労働者階級としての要件を満たさない労働者階級の外部でもあるという二面性をもつ、ひとつの階級、あるいは階級分派である[3]。

なぜ、このような新しい下層階級が形成されるに至ったのか。それは資本主義の独占段階が、新たな段階を迎えたからである。この新しい段階を「フレクシ＝グローバル資本主義(flexi-global capitalism)」と呼ぶことにしたい。これは、生産諸要素、つまり資本と労働力、情報を含む生産手段がグローバルに流動するようになり、また脱工業化・サービス経済化という産業構造の変化と新自由主義の浸透、労働組合の影響力の低下などを背景に、一国経済の中でも生産諸要素の流動性が増し、雇用が不安定化するとともに格差が拡大するという一連の変化を経た、資本主義の現段階を指すものである。

この新しい資本主義社会において階級構造に生じる変化は、次のようにまとめることができる。第1に、フォーディズム段階の労働者階級を特徴づけていた相対的な安定雇用と高賃金が一般的ではなくなり、低賃金の不安定雇用労働者が増加する。製造業の衰退とサービス経済化が、こうした変化を拡大する。こうしてアンダークラスが形成される。第2に、世界的な金融業・IT産業のセンターが形成されて高賃金の経営者や新中間階級が増加すること、資本への配分が増加すること、累進課税や社会保障などの所得再分配のシステムが弱体化することから、全般的な格差拡大が生じるのである。

3．データと階級分類

ここで、今回用いるデータと階級分類について説明しておこう。

（1）データ

今回用いるのは、2022年1月から2月に実施された「2022年三大都市圏調査」から得られたデータである。この調査は、東京駅から半径60km以内、名古屋駅から半径40km以内、大阪駅から半径50km以内に重心がある市区町村に住む、20-69歳の住民を対象として、インターネット調査の方法で実施された。調査対象の人数は、都道府県単位で人口比例になるように割り当てている。有効回収数は東京圏2万6001人、名古屋圏6218人、京阪神圏1万1601人の合計4万3820人である[4]。インターネット調査の性格上、回答者は高学歴者にやや偏っており、全体の55.8%が大卒者で、短大・高専・専門学校卒が21.3%、高卒者が19.4%、中卒者が0.7%だった。なお職歴に関する分析では、2015年社会階層と移動全国調査（SSM調査）のデータも用いている。

（2）階級分類

今回用いる階級分類は、(1) 経営者・役員と自営業・家族従業者は、従業員規模5人以上の場合に資本家階級、4人以下の場合に旧中間階級とみなし、(2) 被雇用者については、専門職、管理職、そして管理職につながるキャリアを有する上級事務職を新中間階級、その他を労働者階級とみなすものである。これは橋本（1986）で最初に提案し、橋本（1995）で女性についての規定を追加し、以後、多くの著作で用いてきたものと基本的には同じだが、1点だけ、重要な違いがある。それは正規雇用の女性事務職を労働者階級ではなく新中間階級に含めたことである。

日本ではこれまで、男性事務職が管理職に連なるキャリアを有することが一般的であるのに対して、女性事務職は一般職などとして単純事務労働に従事し、管理職に連なるキャリアをもたないのが一般的だった。このため橋本の一連の研究では、正規雇用の男性事務職は上級事務職とみなして新中間階級に、女性事務職は正規雇用も含めて単純事務職とみなして労働者階級に分類されてきた。

ところが近年、男女平等への社会的要請の高まりと非正規雇用の増加を受けて、従来は女性事務職が担ってきた単純事務労働が、派遣労働者などの非正規労働者によって担われるようになり、正規雇用の女性事務職が管理職に連なるキャリアを有することが多くなった。もちろん男性事務職との差は依然として大きいから、現在でも従来の方法には有効性がある。しかし今回用いるデータでは、全体に企業規模が大きく女性の教育水準が高い大都市部を対象としていることから、役職を有する事務職の比率が男性の49.5%に対して、女性でも22.3%とかなり高くなっており、男性と女性の差は、一方を新中間階級、他方を労働者階級とひとくくりにできるほどの質的差異とはみなせなくなっている。このため今回の分析では、事務職を性別にかかわらず、正規雇用は新中間階級、非正規雇用は労働者階級に分類することとした。

また今回は、労働者階級内部の格差拡大と分断という問題を扱うため、労働者階級を、正規雇用の正規労働者階級、非正規雇用の有配偶女性であるパート主婦、パート主婦以外の非正規雇用であるアンダークラスに3分類することとする[5]。ただしこのように分類した場合、長期にわたって正規雇用で働いたのち、定年退職などを経て非正規雇用で働く人々がアンダークラスに含まれることになるが、これらの人々は多額の金融資産をもち年金収入も多いなど、アンダークラスとみなすのは適切ではない場合が多い。このため多くの分析では、60歳以上でパート主婦以外の非正規雇用労働者を分析から除外している。なお以下の集計では、四捨五入のため合計が合わない部分がある。

4．階級構成と階級間格差

(1) 階級構成と経済格差

表1は、有効サンプルの階級構成と各階級の性別構成を示したものである。ここでは60歳以上のアンダークラスと無職者も集計に含め、無職者は有配偶女性の専業主婦とそれ以外に分けておいた。もっとも多いのは新中間階級（34.9%）で、労働者階級の合計（33.6%）をわずかに上回っている。労働者階級の中では正規労働者階級（15.1%）がもっとも多いが、次に多いのはアンダークラス(9.6%)で、パート主婦（9.0%）を上回っている。

表1 階級構成と各階級の性別構成

	度数	(構成比)	男女比 男性	女性	その他
資本家階級	1013	(2.4%)	77.5%	21.5%	1.0%
新中間階級	14599	(34.9%)	57.1%	41.7%	1.2%
正規労働者階級	6297	(15.1%)	77.2%	21.6%	1.2%
アンダークラス	4005	(9.6%)	48.4%	48.2%	3.4%
パート主婦	3758	(9.0%)	−	100.0%	−
旧中間階級	2366	(5.7%)	65.0%	33.8%	1.1%
無職	4691	(11.2%)	67.5%	29.1%	3.4%
専業主婦	5078	(12.1%)	−	100.0%	−
合計	41807	(100.0%)	49.3%	49.3%	1.4%

出典）2022年三大都市圏調査データより算出。
注）20-69歳。性別の「その他」は「その他」「答えない」の合計。

表2は、階級間の経済格差の概要を示したものである[6]。個人年収は資本家階級がもっとも多く、以下は新中間階級、正規労働者階級、旧中間階級、アンダークラスの順となっている。世帯年収も順位は変わらないが、家族経営の多い旧中間階級の世帯年収は、正規労働者階級とほぼ同額となっている。貧困率はアンダークラスが31.1%ときわだって高く、旧中間階級（18.3%）がこれに次いでいる。資産総額では資本家階級に次いで旧中間階級が多くなっている。

アンダークラスでは、59歳以下と60歳以上を区別した集計も示しておいた。

アンダークラスの資産総額（1485万円）は正規労働者階級（1384万円）を上回っているが、これは60歳以上が3074万円と多くなっていることによるものであり、59歳以下は716万円と少ない。60歳以上は個人年収、世帯年収ともに59歳以下を大きく上回るが、これは先述のように長期にわたって正規雇用者としてキャリアを積んだあと、その延長線上で雇用されているケースが多いこと、また年金収入のある人が多いことによるものである[7]。貧困率は21.4％とかなり高いが、貧困率計算のベースとなる世帯年収には預金の取り崩しが含まれないので、実際に貧困状態にある人々は、これほど多くないだろう。

表2　階級間の経済格差

	資本家階級	新中間階級	正規労働者階級	アンダークラス 全年齢層	アンダークラス 59歳以下	アンダークラス 60歳以上	旧中間階級
個人年収（万円）	980.3	566.4	486.2	250.0	209.9	331.2	411.5
世帯年収（万円）	1198.3	819.3	674.9	432.6	396.6	495.8	670.5
貧困率	5.7	4.9	7.6	31.1	36.6	21.4	18.3
資産総額（万円）	6369	2317	1384	1485	716	3074	3763

出典）「2022年三大都市圏調査データ」より算出。
注）20-69歳。貧困線は等価所得201.52万円。

(2) 配偶関係・階層意識・健康状態

表3は、各階級の配偶関係、階層意識と健康状態を示したものである。

まず顕著な特徴は、男性アンダークラスの有配偶率がきわめて低いことで、わずか18.0％となっている。これを年齢別にみると、20歳代（5.2％）、30歳代（14.2％）で低いのは当然だが、40歳代（19.2％）、50歳代（33.9％）でも低くなっている。有配偶の非正規労働者はパート主婦に分類されるので、女性のアンダークラスは未婚者と離死別者のみで、それぞれの比率は69.8％、30.2％である。これを年齢別にみると、それぞれ20歳代では98.3％、1.7％、30歳代では83.7％、16.3％、40歳代では63.4％、36.6％、50歳代では39.2％、60.8％となっている。若い世代では大部分が未婚者だが、年齢が上がるにしたがって離死別者が流入してくることがわかる。

表3　配偶関係・階層意識・健康状態

		資本家階級	新中間階級	正規 労働者階級	アンダー クラス	旧中間階級
配偶関係（男性）	未婚	15.9%	28.4%	31.4%	76.4%	34.0%
	有配偶	78.0%	67.6%	62.8%	18.0%	55.9%
	離死別	6.1%	4.0%	5.9%	5.6%	10.0%
配偶関係（女性）	未婚	27.5%	40.3%	45.7%	69.8%	26.3%
	有配偶	65.1%	48.9%	40.1%	−	59.3%
	離死別	7.3%	10.8%	14.2%	30.2%	14.5%
生活に満足している人の比率		60.3%	52.4%	40.8%	32.7%	47.4%
自分は「中より上」と考える人の比率		53.4%	37.6%	21.6%	7.8%	27.7%
健康状態がよくない人の比率		11.9%	13.2%	13.6%	22.5%	15.6%
抑うつの疑い		18.4%	26.1%	28.6%	38.9%	21.5%
うつ病など心の病気で診療を受けたことがある		8.2%	10.2%	8.5%	19.3%	11.9%

出典）「2022年三大都市圏調査データ」より算出。
注）アンダークラスは59歳以下。「生活に満足している」は「満足」「どちらかといえば満足」、「自分は『中より上』」は「上」「中の上」、「健康状態がよくない」は「よくない」「あまりよくない」の合計、「抑うつの疑い」はSSM版K6スコアが10点以上。

生活に満足している人の比率は、もっとも高い資本家階級が60.3%、新中間階級と旧中間階級が5割前後で続き、正規労働者階級は40.8%、アンダークラスは32.7%だった。階層帰属意識はさらに階級差が大きく、自分を「中より上」と考える人の比率は、資本家階級が53.4%であるのに対して、新中間階級は37.6%、旧中間階級と正規労働者階級は20%台で、アンダークラスに至ってはわずか7.8%だった。

健康状態がよくないと自覚している人の比率は、アンダークラスが22.5%でもっとも高く、他の階級との差は7-11%と大きい。アンダークラスは、メンタル上も多くの問題を抱えている。抑うつ症のスクリーニングでしばしば使われるK6尺度をアレンジして作られたSSM調査版のK6得点が、抑うつ症や不安障害が疑われるとされる10点以上の人の比率は38.9%にも達している。これを年齢別にみると、この比率はとくに若年者で高く、20歳代で42.7%、30歳代では48.4%に達している。またうつ病など心の病気で診療を受けたことのある人の比率は、アンダークラスでは19.3%に達し、他の階級のほぼ2倍となっている。このようにアンダークラスと他の階級の間の格差は、経済格差にはとどまらず、いわば存在そのものの格差ともいうべき域に達している。

5．労働者階級の内部構成とアンダークラス女性の職歴

(1) 労働者階級の内部構成

表4は、労働者階級の3つのグループについて、内部構成を示したものである。

まずアンダークラスの年齢構成に注目しよう。男女とも40歳代が30%台と多くなっているが、これはこの年代に、いわゆる氷河期世代が多く含まれるからだろう。しかし20歳代と30歳代もともに20%を超えており、氷河期世代以降も一定数の若者がアンダークラスに流入する構造は維持されているといえる。正規労働者階級の男性では30歳代と40歳代が30%前後と多く、50歳代では17.5%に減

表4　労働者階級の年齢・職種・従業上の地位

		正規労働者階級		パート主婦	アンダークラス	
		男性	女性		男性	女性
年齢	20歳代	17.0%	32.4%	4.8%	24.7%	22.8%
	30歳代	28.7%	27.8%	15.8%	22.1%	21.2%
	40歳代	30.8%	22.8%	31.0%	30.3%	31.7%
	50歳代	17.5%	12.8%	27.5%	22.9%	24.4%
	60歳代	6.0%	4.2%	21.0%	–	–
	合計	100.0%	100.0%	100.0%	100.0%	100.0%
職種	事務職	–	–	41.4%	18.1%	42.7%
	販売職	35.1%	46.5%	20.1%	17.5%	21.0%
	サービス職	12.6%	34.6%	24.4%	19.9%	21.1%
	保安職	6.9%	2.6%	0.1%	2.7%	0.1%
	生産現場職・技能職	31.2%	12.4%	12.1%	28.1%	12.5%
	運輸・通信職	13.7%	3.7%	1.6%	13.1%	2.1%
	農林漁業	0.6%	0.2%	0.3%	0.6%	0.4%
	合計	100.0%	100.0%	100.0%	100.0%	100.0%
雇用形態	正社員・正職員	100.0%	100.0%	–	–	–
	パート・アルバイト	–	–	80.8%	51.9%	57.9%
	派遣社員	–	–	8.5%	18.3%	23.9%
	契約社員・嘱託	–	–	8.5%	27.2%	17.2%
	臨時雇用	–	–	0.5%	0.9%	0.4%
	内職	–	–	1.7%	1.7%	0.6%
	合計	100.0%	100.0%	100.0%	100.0%	100.0%

出典）2022年三大都市圏調査データより算出。
注）アンダークラスは59歳以下。

少するが、これは資本家階級、旧中間階級、無職への移動があるからである。正規労働者階級の女性は20歳代がもっとも多く、年齢が上がるにつれて減少していくが、これはパート主婦と専業主婦への移動があるからで、パート主婦は50歳代でも27.5％と多く、60歳代も21.0％を占めている。

正規労働者階級の職種は、男女とも販売職がもっとも多く、次いで男性では生産現場職・技能職、運輸・通信職、女性ではサービス職、生産現場職・技能職の順となっている。パート主婦では事務職が4割を超え、サービス職と販売職が2割台で続いている。アンダークラスの職種は性別によって大きく異なり、男性では生産現場職・技能職が28.1％と多く、サービス職、事務職、販売職が2割弱で続くのに対して、女性では事務職が42.7％と多く、サービス職と販売職が2割強で続く。

パート主婦の従業上の地位は、パート・アルバイトが80％を超え、他は少ない。これに対してアンダークラスの従業上の地位は多様で、男女ともパート・アルバイトが5割を超えるが、契約社員・嘱託と派遣社員を合計すると、男女とも4割を超えている。

(2) 学校から職業への移行とアンダークラス女性の職歴

表5は、労働者階級の学校から職業への移行の状況と、初職時点での所属階級をみたものである。正規労働者階級では男女とも、8割以上が卒業後すぐに仕事についている。パート主婦も同様で、この両者はほぼ順調に学校から職業への移行を果たした人々である。これに対してアンダークラスでは、この比率は男性で58.0％、女性で70.2％に過ぎず、順調に移行しているとはいえない。ただし女性の場合、配偶関係によって大きく異なる。未婚のアンダークラスのうち順調に移行したのは66.4％にとどまるが、離別者では77.6％、死別者では91.3％が順調に移行している。これは、離死別を経験した女性アンダークラスの多くが、卒業して普通に就職したあと、結婚または出産を機に退職して専業主婦となり、離死別を経て非正規労働者として再就職しているからである。実際、男性アンダークラスの44.2％、未婚女性アンダークラスの44.9％が初職時点からアンダークラスであるのに対して、この比率は離別女性で24.5％、死別女性では14.0％にとどまり、

新中間階級比率が5割を超えている。

表5　労働者階級の学校から職業への移行と初職時点の所属階級

	正規労働者階級		パート主婦	アンダークラス				
					女性			
	男性	女性		男性	合計	未婚	離別	死別
学校から職業への移行								
すぐに（1ヶ月未満）仕事についた	83.6%	85.4%	85.6%	58.0%	70.2%	66.4%	77.6%	91.3%
少ししてから（1〜3ヶ月以内）仕事についた	5.6%	4.7%	5.3%	13.9%	10.7%	12.2%	7.2%	8.7%
だいぶしてから（4ヶ月以上）仕事についた	7.7%	5.7%	5.2%	18.4%	10.8%	11.3%	10.7%	0.0%
卒業する前から仕事についていた	3.1%	4.3%	3.9%	9.7%	8.3%	10.1%	4.5%	0.0%
合計	100.0%	100.0%	100.0%	100.0%	100.0%	100.0%	100.0%	100.0%
初職時点の所属階級								
資本家階級	0.3%	0.4%	0.3%	1.0%	0.5%	0.4%	0.8%	0.0%
新中間階級	14.3%	27.9%	63.5%	21.0%	38.7%	33.1%	51.0%	55.8%
正規労働者階級	74.9%	58.4%	22.9%	32.9%	21.8%	21.1%	22.9%	27.9%
アンダークラス	10.2%	12.9%	13.0%	44.2%	38.4%	44.9%	24.5%	14.0%
旧中間階級	0.3%	0.3%	0.4%	1.0%	0.6%	0.4%	0.8%	2.3%
合計	100.0%	100.0%	100.0%	100.0%	100.0%	100.0%	100.0%	100.0%

出典）2022年三大都市圏調査データより算出。
注）アンダークラスは59歳以下。

離死別を経験した女性アンダークラスの結婚・離死別前後の職業経歴をみたのが、**表6**である。結婚直前の段階では、離別アンダークラスの53.8%、死別アンダークラスの55.2%が正規労働者だが、この比率は結婚直後にはそれぞれ7.8%、17.2%にまで減少し、無職が大幅に増加している。離死別1年前には無職が減少し、非正規労働者（つまりパート主婦）がそれぞれ42.7%、54.4%にまで増加しているが、離死別1年後には、これがそれぞれ64.4%、71.9%と跳ね上がる。多くの女性が、離死別を機に専業主婦からアンダークラスに流入し、あるいは雇用形態はそのままでパート主婦からアンダークラスへ移行したのである。学校を卒業して社会に出た段階では、多くの女性たちが正規雇用の職をもっていた。ところが結婚または妊娠すれば家に入るのが当然という通念にしたがって退職したことから、彼女たちは経済的自立の基盤を失った。もはや取り返しがつかないことだが、これが現在の彼女たちの窮状の、そもそもの背景なのである。

表6　離死別経験のある女性アンダークラスの職業経歴

	離別					死別				
	正規労働者	非正規労働者	無職	その他	合計	正規労働者	非正規労働者	無職	その他	合計
結婚直前	53.8%	26.4%	16.5%	3.3%	100.0%	55.2%	8.6%	32.8%	3.4%	100.0%
結婚直後	7.8%	25.6%	63.3%	3.3%	100.0%	17.2%	27.6%	50.0%	5.2%	100.0%
離死別1年前	10.1%	42.7%	43.8%	3.4%	100.0%	15.8%	54.4%	26.3%	3.5%	100.0%
離死別1年後	19.5%	64.4%	10.3%	5.7%	100.0%	14.0%	71.9%	12.3%	1.8%	100.0%
離死別2年後	16.3%	69.8%	8.1%	5.8%	100.0%	13.2%	73.6%	11.3%	1.9%	100.0%
離死別3年後	17.1%	73.2%	4.9%	4.9%	100.0%	11.8%	72.5%	13.7%	2.0%	100.0%

出典）2015年SSM調査データより算出。20-79歳女性。

6．人をアンダークラスへ導くもの

以上の集計結果から、学校から職業への移行がスムーズに行かなかった人や、離死別を経験した女性がアンダークラスになりやすいということが示された。ここで他の要因も考慮して、アンダークラスへの所属をもたらす要因について、包括的な分析結果を示しておきたい。

表7は、アンダークラスへの所属をもたらす要因を明らかにするため、アンダークラスに1、他の階級（パート主婦を含む）に0を与えたダミー変数を従属変数とした2項ロジスティック回帰分析結果である。独立変数としては、性別、10歳刻みの年齢、父親学歴、15歳時の家の暮らし向き、本人学歴、最終学校の中退経験、学校から職業への移行、就職時の先生・学校推薦の有無、いじめ・不登校経験、性別と離死別経験の交互作用項を用いた。オッズ比は、アンダークラスになる確率Pをオッズ P/(1-P) に変換したとき、それぞれの要因がオッズを何倍にするかを示したものである。たとえば表中のいちばん上に示したように女性のオッズ比は1.365だが、これは女性がアンダークラスになる確率は、オッズに変換した値で男性の1.365倍であることを示している。以下では煩雑になるのを

避けるため、「オッズ比に変換した」との注釈を避け、単に「確率が○倍になる」と記すこととする。

表7　アンダークラスへの所属を決定する要因

	オッズ比	有意確率
性別［男性］		
女性	1.365	0.000
年齢［50歳代］		
20歳代	1.403	0.000
30歳代	0.954	0.577
40歳代	0.982	0.798
父親学歴［高等教育］		
中学程度	1.059	0.518
高校程度	1.142	0.037
15歳時の家の暮らし向き［豊か］		
貧しい	1.147	0.354
やや貧しい	1.104	0.415
ふつう	1.070	0.516
やや豊か	1.006	0.954
本人学歴［大学］		
中学・専修学校・各種学校	2.755	0.000
高校	2.940	0.000
短大・高専・専門学校	1.756	0.000
中退経験あり	1.778	0.000
学校から職業への移行［すぐに仕事についた］		
少ししてから(1-3ヶ月以内)	2.517	0.000
だいぶしてから(4ヶ月以上)	2.059	0.000
先生・学校の紹介・推薦で就職した	0.759	0.000
学校でいじめにあった	1.469	0.000
不登校の経験がある	1.755	0.000
性別×離死別経験［経験なし］		
男性・あり	1.027	0.926
女性・あり	6.525	0.000
定数	0.028	0.000
サンプル数	24625	
NegelkerkekのR2乗	0.154	

出典）2022年三大都市圏調査データより算出。
注）59歳以下の就業者を対象とする2項ロジスティック回帰分析結果で、［　］内は参照カテゴリー。専修学校・各種学校は高校卒を入学要件としないもの、専門学校は高校卒を入学要件とするもの。

50歳代と比較すると、20歳代はアンダークラスになりやすいが、30歳代と40歳代は50歳代と差がない。父親学歴の影響力は強いとはいえないが、高卒だとわずかにアンダークラスになる確率が高まる。15歳時の家の暮らし向きは影響がない。ただしこれらの要因は、本人の学歴に影響することを通じて間接的に、アンダークラスになる確率を左右していることに注意する必要がある。

本人学歴には非常に強い効果があり、大学卒と比較したとき、アンダークラスになる確率は中学・高校だと3倍近くに高まり、短大・高専・専門学校の場合も1.756倍になる。また最終学校を中退すると、アンダークラスになる確率は1.778倍となる。また学校から職業への移行、つまり卒業から就職までの間の空白の有無にも強い影響力があり、両者の間に1ヶ月以上の空白があると、アンダークラスになる確率が約2倍から2.5倍になる。他方、先生や学校の推薦で就職した場合、アンダークラスになる確率は0.759倍と低くなる。これらの要因が、初職時点で非正規雇用者になるか否かを大きく左右することはよく知られているが、その後も影響をもち続けるということがわかる[8]。

学校でいじめにあった経験や、不登校になった経験があると、アンダークラスになりやすい。いじめや不登校によって、最終学校を中退したり進学を断念した場合にアンダークラスになりやすくなることは容易に理解できるが、これらの要因を統制しても依然として影響力があるというこの事実は、注目に値する。そして離死別経験は、男性がアンダークラスになる確率には影響しないが、女性ではアンダークラスになる確率を6.525倍にも高める。

7．新型コロナ・パンデミックとアンダークラス

2019年に始まり、2020年には世界中に広がった新型コロナ・パンデミックの影響が、性別やエスニシティ、社会階層や階級によって異なっていたということについては、世界中で行なわれた多くの研究が指摘してきた。ただしここでは、(1)感染状況や症状そのものの違い、(2) 雇用や収入、生活などへの影響の違いという、2つの問題を区別する必要がある。たとえば広く知られているように、女性より男性の方が重症者数、死亡者数ともに大幅に上回っていたが、雇用や収

入への影響は、女性の方が大きかったのである。

2022年三大都市圏調査が行なわれた2022年1月から2月は、感染拡大の第6波が始まった時期にあたっており、第6波を大きく上回る感染者を出した第7波、第8波の起こる半年前と1年前にあたっていた。2022年1月末時点でみると、全国の100人あたり感染者数は2.2人、東京都は4.1人、愛知県は2.2人、大阪府は3.9人だった。調査では、感染の有無と、新型コロナ・パンデミックが仕事と収入、生活に与えた影響に関するいくつかの設問を設けている。ここから階級による違い、とくにアンダークラスの状況についてみていくことにしよう。

表8は、新型コロナウイルスに感染した経験のある人と、感染した疑いのある人の比率を、階級別にみたものである。感染の比率がもっとも高いのは資本家階級である。資本家階級といってもほとんどが中小零細企業の経営者だから、多くの従業員と接し、仕入れ先との交渉や営業活動の最前線に立って活動したことの結果だろう。次いで高いのは正規労働者階級（5.19%）で、他は2-3%台となっている。次に感染の疑いをみると、比率が高いのはアンダークラス（2.41%）と旧中間階級（2.29%）である。感染が判明することによって仕事を失い、あるいは休業を余儀なくされ、経済的打撃を受けることを恐れた非正規雇用のアンダークラスと自営の旧中間階級が、検査を忌避したようすがうかがえる。

表8　階級別にみた感染状況

	感染	感染の疑い	合計
資本家階級	7.14%	1.52%	8.66%
新中間階級	3.75%	1.70%	5.44%
正規労働者階級	5.19%	1.86%	7.05%
アンダークラス	3.79%	2.41%	6.21%
パート主婦	2.84%	1.46%	4.30%
旧中間階級	3.24%	2.29%	5.52%

出典）「2022年三大都市圏調査データ」より算出。
注）「感染」は「感染したが、無症状だった」「感染して軽い症状が出たが、入院しなかった」「感染して重い症状が出たが、入院しなかった」「感染し、症状が出て、入院した」の合計、「感染の疑い」は「発熱などの症状があったが、検査をしなかったので、感染したかどうかわからない」

表9は、仕事の上での変化をみたものである。「勤務日数や労働時間が減った」「勤務先が休業した」との回答は、いずれもアンダークラス（33.9%、11.1%）と旧中間階級（31.6%、11.2%）が多い。逆にもっとも少ないのは新中間階級（16.3%、3.5%）で、ホワイトカラー労働者の雇用が手厚く守られていたことがわかる。新中間階級は「在宅勤務など勤務形態が変更になった」が27.7%と最大となっており、リモートワークへの移行によって影響を免れた部分もあるのだろう。「収入が減った」は旧中間階級（41.3%）が最大で、アンダークラス（27.5%）がこれに次ぎ、新中間階級（13.2%）は最低である。アンダークラスでは「転職した」（6.8%）、「副業を始めた」（4.5%）も多く、さまざまな手段で収入を確保しようとしていたことがうかがえる。

表9　新型コロナ・パンデミックによる仕事上の変化

	勤務日数や労働時間が減った	勤務日数や労働時間が増えた	勤務先（自営の場合を含む）が休業した	勤務先（自営の場合を含む）が倒産・廃業した	解雇や雇い止めにあった	在宅勤務など勤務形態が変更になった	収入が減った	収入が増えた	転職した	副業を始めた	とくに変化はなかった
資本家階級	25.3%	7.9%	7.6%	0.9%	0.9%	15.1%	21.6%	3.0%	3.0%	3.6%	42.7%
新中間階級	16.3%	8.7%	3.5%	0.2%	0.2%	27.7%	13.2%	3.2%	3.2%	1.9%	44.7%
労働者階級	25.5%	7.1%	7.1%	0.5%	0.5%	15.8%	23.0%	3.0%	3.0%	2.7%	43.5%
アンダークラス	33.9%	6.2%	11.1%	0.8%	0.8%	10.9%	27.5%	6.8%	6.8%	4.5%	39.5%
パート主婦	30.5%	6.0%	8.7%	0.7%	0.7%	7.5%	19.6%	4.2%	4.2%	1.9%	49.1%
旧中間階級	31.6%	3.4%	11.2%	0.5%	0.5%	7.7%	41.3%	2.8%	2.8%	4.8%	37.4%

出典）「2022年三大都市圏調査データ」より算出。

このように新型コロナパンデミックは、とくにアンダークラスと旧中間階級に大きな影響を与えたのだが、同時に影響の大きさに男女差があった点にも注意しておきたい。表は示していないが、もっとも男女差が目立ったのは「勤務先が休業した」だった。とくに男女差が大きいのは資本家階級（男性5.7%、女性13.3%）、正規労働者階級（4.9%、13.5%）、旧中間階級（7.6%、13.4%）である。アンダークラスでは女性が11.4%と多かったものの、男性も8.7%とかなり多い。

より詳細に集計すると、その理由は主に産業分野の違いにあることがわかる。「勤務日数や労働時間が減った」という人の比率を産業別にみると、もっとも高いのは「飲食店・飲食サービス業・宿泊業」(55.1%)、次いで「生活関連サービス業・娯楽業」(42.4%) だった。いずれも、非正規労働者と女性の多い産業である。逆に低かったのは、「病院、医療、福祉」(14.9%)、「情報通信業」(15.8%)、「電気・ガス・熱供給・水道業」(17.1%)、「建設業」(18.9%) などで、「病院、医療、福祉」以外は、いずれも男性が多い産業である。こうした産業分野の違いのため、女性が男性以上に強く影響を受け、また男性でもアンダークラスは大きな影響を受けたのである。

「飲食店・飲食サービス業・宿泊業」「生活関連サービス業・娯楽業」といえば、緊急事態宣言当時よく使われた言葉を用いるなら、「不要不急」の産業である。こうした不要不急産業の主な担い手は、零細企業と自営業者、そしてそこで雇用されるアンダークラスであり、いずれも女性の比率が高い。「不要不急産業」が敵視されたことが、女性に大きなダメージを与えたということができる。

8．アンダークラスと日本の政治空間

(1) 階級と広義の政治意識

階級と政治は密接に関係している。それは「労働者階級は変革勢力である」というような言説が意味するところとは、ひとまず別の問題であり、両者の関係は概念そのものに内在している。階級とは、その歴史性を捨象して抽象的概念として突き詰めるなら、社会的資源の配分の構造に言及する概念である。そして政治というもののもっとも基本的な機能は、人々から租税を徴収し、これを目的に応じて再分配することにある。必然的に再分配の前後では資源配分の状態が変化し、したがって階級間格差の構造が変化する。だから政治と階級は、直接に関係する

のである。したがって格差と資源配分に関する意識は、広い意味では政治意識の一部ということができる。

また近年、安全保障や外交といった伝統的な政治的争点に加えて、環境や多様性といった、新たな政治的争点が重要性を増している。そこで2022年三大都市圏調査では、これらを含めた広義の政治意識について、幅広い設問を盛り込んだ。しかし設問の論点が広範囲にわたるため、個々の設問について詳細な集計を繰り返すのは生産的とはいえない。そこで16の設問への回答を因子分析にかけた結果を示したのが**表10**である。

容易に解釈可能な、5つの因子が抽出されている。第1因子は「日本では以前と比べ、貧困層が増えている」「貧困になったのは社会のしくみに問題があるからだ」などと考える傾向を示すもので、「格差拡大認識」因子と呼ぶことができよう。これに対して第2因子は、「政府は豊かな人からの税金を増やしてでも、恵まれない人への福祉を充実させるべきだ」「理由はともかく生活に困っている人がいたら、国が面倒をみるべきだ」という所得再分配を支持する傾向と、「経済成長よりも環境保護を重視した政治を行なうべきだ」「日本は原子力発電所をゼロにすべきだ」という環境重視の傾向が複合した因子である。格差是正と環境保護という、現代政治の最大の争点のうちの2つが結びついた注目すべき因子で、ここでは「所得再配分＆環境重視」因子と呼んでおく。

第3因子は「日本国憲法を改正して、軍隊を持つことができるようにした方がいい」「沖縄に米軍基地が集中していても仕方がない」という、自民党政権の防衛政策への支持と、「戦争は人間の本能によるものだから、なくすことはできないだろう」という戦争容認ニヒリズム、そして「同性愛は好ましいことではない」という性的多様性の否定が複合したものである。実はあとの2つの設問は、アドルノのFスケールの2つの設問を簡略化したものである。「権威主義右翼」因子と呼んでおこう。第4因子は「貧困になったのは努力しなかったからだ」「チャンスが平等にあたえられるなら、競争で貧富の差がついても仕方がない」などという自己責任論と機会平等論であり、「新自由主義」因子と呼ぶことができる。

第5因子は、「自分のような普通の市民には、政府のすることを左右する力は

表10 政治意識に関する因子分析結果

	因子1 格差拡大認識	因子2 所得再分配&環境重視	因子3 権威主義右翼	因子4 新自由主義	因子5 政治的無力感
日本では以前と比べ、貧困層が増えている	**0.810**	-0.006	-0.008	0.067	-0.061
貧困になったのは努力しなかったからだ	-0.082	-0.004	0.046	**0.726**	0.154
貧困になったのは社会のしくみに問題があるからだ	**0.777**	0.094	-0.095	-0.023	-0.031
自分も貧困に陥る可能性がある	**0.775**	-0.063	-0.029	-0.028	0.093
努力しさえすれば、誰でも豊かになることができる	-0.081	0.102	-0.040	**0.804**	-0.091
チャンスが平等にあたえられるなら、競争で貧富の差がついても仕方がない	0.206	-0.099	0.049	**0.746**	-0.029
経済成長よりも環境保護を重視した政治を行なうべきだ	-0.129	**0.767**	-0.100	0.179	-0.017
政府は豊かな人からの税金を増やしてでも、恵まれない人への福祉を充実させるべきだ	0.138	**0.703**	0.099	-0.118	0.025
理由はともかく生活に困っている人がいたら、国が面倒をみるべきだ	0.102	**0.663**	0.127	-0.145	-0.019
自分のような普通の市民には、政府のすることを左右する力はない	0.294	0.143	0.131	0.102	**0.599**
日本は原子力発電所をゼロにすべきだ	-0.045	**0.562**	-0.232	0.054	-0.140
日本国憲法を改正して、軍隊を持つことができるようにした方がいい	0.042	-0.104	**0.717**	0.012	-0.207
沖縄に米軍基地が集中していても仕方がない	0.020	-0.151	**0.675**	0.053	-0.120
戦争は人間の本能によるものだから、なくすことはできないだろう	0.034	0.005	**0.641**	-0.025	0.146
同性愛は好ましいことではない	-0.318	0.199	**0.621**	0.016	0.097
国政選挙で投票しない	-0.146	-0.177	-0.132	-0.043	**0.784**

出典）2022年三大都市圏調査データより算出
注）因子抽出法は主成分分析、プロマックス回転。絶対値が0.5以上の因子負荷量は太字で示した。「国政選挙で投票しない」は「いつもしている（1点）」から「したことがない（5点）」までの5点尺度。その他は「まったくそう思わない(1点)」から「とてもそう思う(4点)」までの4点尺度、または「そう思わない(1点)」から「そう思う(3点)」までの3点尺度で、「わからない」は欠損値とした。

ない」という政治的有効性感覚の欠如と、「国政選挙で投票しない」という消極的な投票行動を示すもので、「政治的無力感」因子と呼ぶことができる。

(2) 属性別・支持政党別にみた政治意識

表11は、属性別・支持政党別の因子得点を示したものである。まず、最後の政治的無力感以外の4つの因子についてみていこう。

表11　属性・支持政党別にみた平均因子得点

		格差拡大認識	所得再分配&環境重視	権威主義右翼	新自由主義	政治的無力感
(1)性別	男性	0.005	-0.143	0.254	0.121	-0.044
	女性	0.031	0.061	-0.352	-0.129	0.143
(2)学歴	中学・専修学校・各種学校	0.082	0.003	0.276	-0.123	0.535
	高校	0.000	0.016	0.017	-0.090	0.265
	短大・高専・専門学校	0.011	0.038	-0.145	-0.088	0.181
	大学	0.025	-0.108	0.041	0.076	-0.079
(3)所属階級	資本家階級	-0.117	-0.074	0.197	0.297	-0.245
	新中間階級	-0.001	-0.121	0.008	0.086	-0.077
	正規労働者階級	0.008	-0.137	0.110	0.082	0.146
	アンダークラス	0.271	0.099	-0.029	-0.240	0.337
	パート主婦	-0.076	0.125	-0.323	-0.198	0.117
	旧中間階級	0.151	0.157	0.202	0.038	-0.119
(4)支持政党	自民党	-0.092	-0.316	0.435	0.272	-0.218
	公明党	0.012	0.207	-0.228	-0.137	-0.447
	日本維新の会	0.156	-0.146	0.219	0.230	-0.177
	野党	0.367	0.473	-0.295	-0.267	-0.317
	支持なし	-0.032	-0.045	-0.155	-0.075	0.260

出典）2022年三大都市圏調査データより算出
注）集計対象は有業者で60歳以上のアンダークラスを除く。野党は立憲民主党、日本共産党、国民民主党、れいわ新選組。

性別では、まず権威主義的右翼の傾向が強い男性と、これに反発する女性が鋭く対立していることが注目される。新自由主義の傾向は男性で強く、所得再分配&環境重視の傾向は女性で強い。学歴では、中学・専各卒で権威主義右翼の傾向がきわだっている。大学卒は所得再分配＆環境重視の傾向が弱く、新自由主義の傾向が強い。

所属階級別では、資本家階級、新中間階級、正規労働者階級という3つの階級が、新自由主義を支持し、所得再分配＆環境重視に反対する点で足並みを揃えているのが注目される。これと正反対なのはアンダークラスとパート主婦で、所得再分配＆環境重視を支持し、新自由主義を否定する共通の傾向を示している。旧中間階級は、新自由主義に対しては中立的だが、所得再分配＆環境重視を支持するという点ではアンダークラスに近い。権威主義右翼の傾向は、資本家階級と旧中間階級で強い。

支持政党別にみた結果は、各政党の支持者の政治意識を鮮やかに浮き彫りにしている。自民党支持者は、権威主義的右翼と新自由主義の傾向が強く、所得再分配＆環境重視を強く否定する。これに対して連立相手である公明党の支持者は、所得再分配＆環境重視を支持し、権威主義右翼と新自由主義の立場を否定するという正反対の傾向を示している。日本維新の会支持者は、格差拡大認識は示すものの、権威主義的右翼と新自由主義の傾向が強く、所得再分配＆環境重視に否定的という点で、自民党支持者との共通点が多い。そして野党支持者は、所得再分配＆環境重視を支持し、権威主義右翼と新自由主義の立場を否定するという点で、公明党支持者と共通の傾向を示している。最後に支持政党のない人々は、格差拡大認識、所得再分配＆環境重視、新自由主義では明確な傾向を示さず、権威主義的右翼にはやや否定的である。

政治的無力感は、女性、非大卒者、労働者階級の3つのグループ、そして支持政党のない人々で強い。とりわけ中学・専各卒とアンダークラスの政治的無力感の強さはきわだっている。

(3) 政治空間と労働組合

抽出された5つの因子から、階級間の利害対立を代表する所得再分配＆環境重視と新自由主義、そして政治的無力感を取り上げ、各階級と各政党支持者の布置関係をみていくことにしよう。

図1の（1）は、横軸に所得再分配＆環境重視、縦軸に新自由主義をとり、各

階級と各政党の支持者の位置を示したものである。一見してわかるように、第Ⅱ象限と第Ⅳ象限の間に、鋭い対立関係が現われている。第Ⅱ象限の原点から大きく離れたところに、資本家階級、自民党支持者、日本維新の会支持者が位置している。そこから少し原点寄りに、男性、新中間階級、正規労働者階級が位置している。新自由主義を支持し、所得再分配＆環境重視に否定的な、現代日本政治のメインストリームである。これと対極に位置するのは、アンダークラス、パート主婦、野党支持者、公明党支持者であり、女性はこれに近い位置にいる。所得再分配＆環境重視を支持し、新自由主義に否定的な、メインストリームへの潜在的な対抗勢力である。両者の中間に位置するのは、旧中間階級と支持政党のない人々である。

(1) 所得再分配＆環境重視×新自由主義

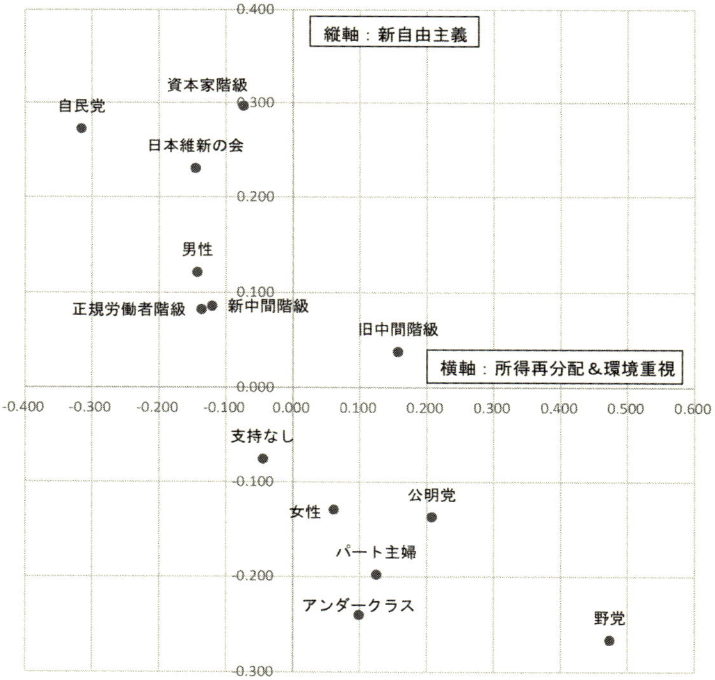

(2) 所得再分配＆環境重視×政治的無力感

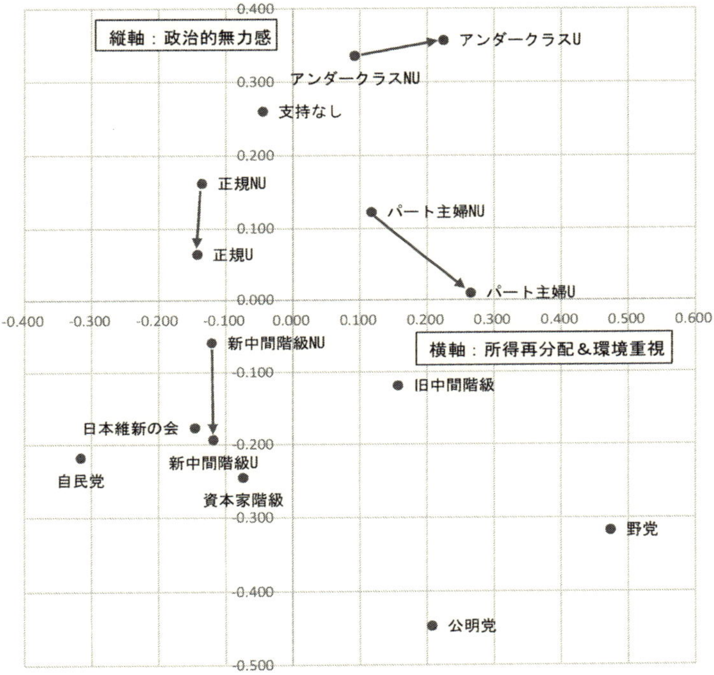

図1　現代日本の政治空間

出典）2022年三大都市圏調査データより算出
注）Uは労働組合員、NUは非組合員。60歳以上のアンダークラスを除く。

図1の（2）は、横軸に所得再分配＆環境重視、縦軸に政治的無力感をとり、各階級と各政党の支持者の位置を示したものである。被雇用者の4つのグループは労働組合員と非組合員に分け、両者の位置関係を矢印で示している。ちなみに労働組合加入率は、新中間階級が12.5%、正規労働者階級が16.2%、アンダークラスが4.0%、パート主婦が4.9%である。

所得再分配＆環境重視に否定的で政治的無力感の弱い第Ⅲ象限の狭い空間に、資本家階級、自民党支持者、日本維新の会支持者が固まっている。ここに近い位置にいるのが新中間階級で、とくに新中間階級の労働組合員は資本家階級のすぐ近くに位置している。非組合員と比較すると、所得再分配＆環境重視に否定的である点に変わりはないが、政治的無力感が弱くなっている。そのすぐ上方の第II象限には正規労働者階級が位置している。新中間階級と同様に所得再分配＆環境重視には否定的だが、政治的無力感がやや強い。しかし労働組合員は、所得再分配＆環境重視に否定的である点に変わりはないが、政治的無力感が弱くなっている。

所得再分配＆環境重視を支持し、政治的無力感の弱い第IV象限には、野党支持者と公明党支持者が位置しているが、この近くにはどの階級も位置しておらず、強いていえば旧中間階級がやや近い。アンダークラスとパート主婦は、所得再分配＆環境重視を支持する一方で政治的無力感が強い、第I象限に位置している。救いといえるのは、労働組合に加入しているパート主婦が、所得再分配＆環境重視の傾向を強めるとともに政治的無力感を低下させて、右下方に移動していることである。これに対して労働組合に加入しているアンダークラスは、所得再分配＆環境重視の傾向を強めて右へと移動はするものの、政治的無力感は強いままで第IV象限の野党には接近しない。

以上の結果が意味するものは何か。まず第1に、所得再分配＆環境重視と新自由主義という2つの軸からみる限り、新中間階級と正規労働者階級は、アンダークラスとパート主婦から遠く離れた、むしろ資本家階級、そして自民党や日本維新の会の支持者に近い場所に位置しているということである。アンダークラスとパート主婦に近い場所に位置している政党は、公明党と野党である。しかし第2に、アンダークラスとパート主婦は政治的無力感が強い。政治的有効性感覚をもつことができず、投票行動も低調である。したがって野党の支持基盤とはなっていない。

図1（2）の矢印を、労働組合に加入したことによる効果を示すものと、単純に受け取ることはできない。とくにアンダークラスとパート主婦の加入率は低いから、単に政治意識の高い人だけが労働組合に加入したということを示しているのかもしれない。しかし非正規労働者の組合加入者の属性は大企業と一部の産業に偏っており、従業員規模300人以上が63.6%、産業別では小売・卸売業が42.0%、飲食・宿泊業が11.3%を占めている。大企業の経営側と良好な関係にある巨大組合傘下の人々が中心である。

そこであえて、この矢印が労働組合に加入したことによる効果を示すと仮定すれば、何がいえるか。労働組合に加入したとしても、新中間階級と正規労働者階級の格差や環境問題に対する意識は変化しない。ただ、自分の一票の重みを感じるようになり、これまでよりは投票するようになるだけである。これに対して非正規労働者が組合に加入すると、格差や環境問題に対する意識が高まる。そしてアンダークラスの政治的無力感には変化がないが、パート主婦は政治参加にも関心を示すようになる。評価は控えめにならざるをえないが、非正規労働者の組織化が、日本の政治状況に一定の変化をもたらす可能性はあるといっていいだろう。

9．新しい階級社会の対抗関係

今回のデータを分析して感じたのは、日本の新中間階級、そして正規労働者階級は変質したのではないかということである。

私は以前、2005年SSM調査データと2010年JGSS調査データの分析から、次のように主張したことがある。労働者階級は正規・非正規を問わず、将来に不安をもち、最低賃金の引き上げや貧富の格差を解消する政策に賛成する人の比率が高いが、政治への関心が低く、投票率も高くない。したがって、格差がより小さくなり、貧困が解消されるような新しい社会を実現する主体とはなり得ない。これに対して新中間階級は、労働者階級とほぼ同等に格差を解消する政策に賛成し、しかも政治意識が高い。そして2000年代後半には野党支持率を急速に高め、民主党政権の実現に大きな役割を果たした。したがって、新しい社会を実現する主体となり得るのは新中間階級ではないか、と（橋本2016）。

ところが2015年SSM調査データの分析を始めてみると、新中間階級に変化がみられたのである。格差を縮小する政策を支持する人の比率が、2005年までの調査では労働者階級とほぼ同等だったのに対して、2015年の調査では大幅に低下していた。また新自由主義や自己責任論を支持する傾向が、資本家階級なみに強くなっていた。そして今回の分析では、新中間階級のみならず正規労働者階級も、新自由主義的な傾向がかなり強く、所得再分配支持や環境重視の傾向が弱いという点で足並みを揃えていることが明らかとなった。これに対してアンダークラスとパート主婦は、新自由主義に否定的で、所得再分配や環境重視の傾向が強い。政治的な対抗関係の構図は、明らかに変化している。

これに加えてパート主婦は、権威主義右翼の立場を強く拒否する傾向がある。つまり平和と平等という伝統的なリベラル派の立場に、環境重視や多様性の尊重という新しい要素を付け加えた、いわば「新しいリベラル」とでもいうべき立場をとるのである。無職の人々を加えた分析結果によれば、専業主婦もほぼ同様の立場に立っており、しかも重要なことに、資本家階級を含む他の階級の女性も、男性に比べればこの立場に近い（橋本 2024）。このことは現代日本における政治的対抗の構図が、新中間階級男性と正規労働者階級男性の変質を通じて、「男性主流派諸階級」対「女性＋男性弱者階級」という構図へと変化したことを意味する。

ただし現状ではアンダークラスとパート主婦は、政党にも労働組合にも組織されておらず、政治参加の意欲も弱い。だから上の構図は、あくまでも潜在的なものにとどまる。これを顕在的な政治的対立の構図へと転換させることこそが、日本の野党と労働組合に求められる使命だということができよう。

〔注〕

1　グスタフ・シュモラー、エミール・レーデラー、エドゥアルト・ベルンシュタインなど。

2　この時期区分は、基本的には馬場（2011）の時期区分と、伊藤（2016）が示した大戦間期以降の現代資本主義の変貌過程に関する現状分析にもとづくものである。馬場は3つの段階を、それぞれ古典的帝国主義段階、大衆資本主義段階、グローバル資本主義段階とし、各段階の区切りをロシア革命とソ連崩壊に置いたが、ここではソ連を時期区分の基準とするのを避け、各段階の間に過渡期があるとする加藤（1995）の規定を踏襲した上で、先進諸国におけるフォーディズムからフレキシブルな蓄積への移行を重視したHarvey（1990=1999）の規定を取り入れた。

3　ここで、アンダークラスと相対的過剰人口の違いについて付言しておきたい。マルクスによれば、相対的過剰人口には流動的、潜在的、停滞的の三つの形態があるが、このうち、流動的形態は資本が吸引と反発を繰り返すために就業と失業を繰り返す労働者、停滞的形態は完全に不規則就業の労働者であり、潜在的形態は労働者階級への移行を待つ、農民層を中心とした旧中間階級内の過剰人口のことである。これに対して現代のアンダークラスは、低賃金というメリットゆえに資本につねに必要とされ、継続的に雇用されている存在である。事実、2022年平均の求人倍率はパートが2.46倍、パート以外が2.20倍であり、むしろ非正規雇用の方が人手不足の状態にある。

4　調査は「三大都市圏における格差拡大の進行過程とその社会的帰結に関する計量的研

究」（基盤研究A　研究代表者：橋本健二　20H00086）の一環として行なわれた。

5　なお、内職者は非正規雇用に含めている

6　パート主婦の経済状態や生活は、多くの場合、本人の非正規労働者としての地位によって決定されるわけではないので、階級間格差を扱う表2と3には含めなかった。

7　2015年SSM調査データによると、アンダークラスの個人年収は、20-59歳が186.5万円、60-69歳が276.6万円で、60-69歳の73.5%に年金収入があった。

8　新卒者が正規雇用になるか非正規雇用になるかを左右する要因については多くの研究があり、フリーターになりやすいのは女性、非大卒者、低階層出身者、卒業と就職の間に空白があった新卒者であり、先生・学校の推薦で就職するとフリーターになりにくいことが明らかにされてきた。これについては、小杉（2002, 2003）、太郎丸（2006, 2009）、部落解放・人権研究所（2005）、石田（2005）、佐藤香（2011）、橋本（2011）などを参照。

〔参考文献〕

馬場宏二（2011）『宇野理論とアメリカ資本主義』御茶の水書房.

部落解放・人権研究所編（2005）『排除される若者たち』解放出版社.

伊藤誠（2016）『マルクス経済学の方法と現代世界』桜井書店.

Harvey, D.（1990）The Condition of Postmodernity, Basil Blackwell.（吉原直樹訳, 1999,『ポストモダニティの条件』青木書店.）

橋本健二（1986）「現代日本社会の階級分析」『社会学評論』37巻2号, 175-190.

橋本健二（1995）「『企業社会』日本の階級・階層構造と女性労働者」『日本労働社会学会年報』第6集, 49-76.

橋本健二（2011）「労働者階級はどこから来てどこへ行くのか」石田浩・近藤博之・中尾啓子編『現代の階層社会2階層の移動と構造』東京大学出版会.

橋本健二（2016）『現代貧乏物語』弘文堂.

橋本健二（2024）『女性の階級』PHP研究所.

石田浩（2005）「後期青年期と階層・労働市場」『教育社会学研究』第76巻, 41-57.

加藤榮一（1995）「福祉国家と資本主義」工藤章編『20世紀資本主義Ⅱ』東京大学出版会, 197-237.

小杉礼子編（2002）『自由の代償／フリーター――現代若者の就業意識と行動』日本労働研究機構.

小杉礼子（2003）『フリーターという生き方』勁草書房.

Marx, K.（1894）Das Kapital, Band Ⅲ.（岡崎次郎訳, 1966,『資本論第三巻（マルクス＝エンゲルス全集第25a巻）』大月書店.）

佐藤香（2011）「学校から職業への移行とライフチャンス」佐藤嘉倫・尾嶋史章編『現代の階層社会1格差の多様性』東京大学出版会.

太郎丸博編（2006）『フリーターとニートの社会学』世界思想社.

太郎丸博（2009）『若年非正規雇用の社会学』大阪大学出版会.

日本労働社会学会年報第35号〔2024年〕

フリーランスの実態と政策課題
——労働者性の判断を中心に——

呉　学殊
（労働政策研究・研修機構）

第1節　はじめに

働き方の多様化、事業主の労務コストの抑制、プラットフォーム経済の進展などにより、特定の事業主の下で勤める雇用労働者ではない形で仕事をする人達が増えている。いわゆるフリーランスと呼ばれる。フリーランスの定義は一様ではないが、内閣府等[1]ではフリーランスを「実店舗がなく、雇人もいない自営業主や一人社長であって、自身の経験や知識、スキルを活用して収入を得る者」と定義している。

フリーランスの規模は、調査によって異なるが、300～400万人台である。内閣官房の直近の試算では、462万人であるが、そのうち、フリーランスを本業としているのは214万人、副業としているのは248万人である[2]。

本稿では、増え続けているフリーランス[3]の労働者性について、事例調査を通じて、考察することにする。日本の労働者性の判断基準は、1985年労働基準法研究会報告に基づいて示されている。同報告によると、労働基準法上の労働者性の判断基準は、基本的判断基準として「使用従属性」があるが、それは①指揮監督下の労働、②報酬の労務対償性があれば労働者性が高いと見なされる。指揮監督下の労働の内容としては、仕事の依頼、業務従事の指示等に対する諾否の自由がなく、勤務場所及び勤務時間などの拘束性があれば労働者性が認められる可能性が高くなる。補強要素として、①事業者性の有無、②専属性の程度が挙げられるが、事業者性が低く、また、専属性が高くなると労働者性が高いと見なされる。

労働者性が認められる者は、労働基準法などの労働法に適用されるが、認められない者は労働法に適用されず、労働法の保護をいっさい受けることができない。

そういう意味で、「フリーランス」に実態として労働者性があるかどうかは、労働法の保護を受けられるかどうかに関わる重要な問題である。

労働者性の判断基準という観点からフリーランスの就業実態を明らかにしながら、政策課題を示すことにする。

第2節　フリーランスの就業実態

ここではフリーランスの就業実態について、3つの事例を取り上げて、具体的にみてみることにする。

1. 事例1（フードデリバリーサービス配達員）[4]

事例1さんがフードデリバリー最大手であるフードデリ社（仮称）の配達員として仕事をしたのは、2018年10月からである[5]。「その前の職を退職して、次の仕事が見つかるまでのつなぎとして」、知人の紹介[6]で配達の仕事をすることにしたが、2020年9月現在まで続いている[7]。その間、2000回以上の配達を行った。配達手段は50ccの原付バイク[8]である。

(1)「不自由な諾否の自由」

配達のためには、配達員用の専用アプリがあり、スマートフォンでそれをダウンロードすると「出発」という表示が現れて、それをタッチする[9]。「出発にすると、ほどなくして呼び出し音が鳴って、どこどこの辺りに注文が入った。」という表示が出たら、それを受けるかどうかを決定することになる。その段階では、向かうべきレストランの正確な住所はわからずに、地図のポイントが示されるだけである[10]。「拒否する」ことを選択すると「評価ポイントが下がってしまう。あんまりその拒否を繰り返したりすると、『干される』って呼ぶんですけど、そのあとちょっと注文が入りづらくなってしまう」ことになる。そのため、できるだけ配達のリクエストを「受ける」ことにする。配達のリクエストを「受けるか」「拒否するか」は、配達員が選ぶことができるが、後者を「2、3回繰り返す（選ぶ：呉）と、ちょっとその後30分ぐらい（リクエストが：呉）入りづらくなることがある。」その後者の選択が重なると、アカウントが停止される可能性があり、仕事ができなくなる[11]。仕事の応諾の自由はあるものの、拒否の選択がアカウント停止につながる可能性があるので、完全に自由とは言えない。「不自由な応諾の自由」と言い表すことができる。

(2) システム上の注意事項と評価による従属性

スマートフォン上、リクエストを受ける[12]ことにすると、レストランの場所が表示されて、そこに向かうことになるが、その際に、ルートと移動時間が表示される。レストランに着くと、「フードデリ社の配達員であることを告げ、店側から商品を預かり、アプリで商品を受け取ったことを示す箇所をスワイプして配達に行く」のである。チェック項目[13]をぽんとやると（スワイプすると）「今度は配達先が、そこで初めて表示される」ことになる。また、お薦めのルートも示されるが、自動車専用道路のルートの場合もある。使用中のバイクは、道路交通法上、その専用道路を走れないので、別のルートを探すことになる。専用道路を使わないルートが示されるときには、「そのまま行くこともあれば、自分で判断して、これがもっと速いほうだと思えば、そのルートを自由に選択できる。」事例1さんの場合、「2割～3割は自分の判断で」ルートを決めるという。それは、「推奨ルートで高速道路に乗れだとか、あとは推奨ルートどおりに行ったら階段があったということがよくある」からである。

そういう意味では、配達ルートは、配達員が自らの判断で自由に選択できるが、一定の制約もある。それは、「お客様（注文者）には予想到着時刻っていうのが示される」からである。配達員にはその時刻が示されていないので[14]、お薦めのルートで行くか自分の判断で別のルートで行くかを真剣に考えて判断しなければならないという心理的なプレッシャーが伴う。後述の通り、評価制度があるので、予想到着時刻から遅れないように配達ルートを選び、また、迅速に運ばないといけないので、ルートの選定と配達速度も一定の制約が伴うのである。選定したルートで注文者のところに料理を引き渡すと、その配達の仕事は終わることになる。

フードデリ社では、レストラン、配達員、注文者が相互に評価する評価システムがある。評価は、配達員とレストランパートナー及び注文者との間に行われている。配達員への評価はレストランパートナーと注文者からなされる。「サムズアップ（グッド、good）[15]、サムズダウン（バッド、bad）[16]」の評価から計算される。評価は、「2020年ガイド」[17]によると、「説明責任を向上させ、互いを尊重し、安全でプロフェショナルな環境をもたらす」ものと位置づけられている。評価そのものは、極めて単純で、レストランパートナーや注文者が配達員に対して、その仕事ぶりに対し、「good」か「bad」かを択一するものであり、評価の算出は、直近100件までの評価の中でサムズアップが占める割合に基づいて行われる。レストランパートナーが配達員を評価する物差しは、到着予定時間に来たのか、営業に邪魔になったのか、フードデリ社であることを告げたのか、当該レストランの注意事項[18]を守ったのか等々が考えられる。

また、「お客様からの注意事項」[19]もあり、配達前にそれを「よく読み、指示に従って配達を行うこと[20]」が求められる。配達先に着いたら注文者に「フードデリ社です。配達に着ました。」聞こえる声で挨拶し、注文品を手渡す。

事例1さんは、評価が98％とかなり高いが、「70％台になると、アカウント停止の理由になる」こともあるという。レストランパートナーや注文者からサムズダウンの評価をもらってもなぜそういう評価をもらったのかが分からない場合がある。「もしそれ（評価）がどういう理由っていうので、こっちも分かれば、ああ、あのときはそういえば、もっとこうすればよかったって思えるんですけど」のように、配達員は、評価の理由について正確に知らず、次に生かすことが難しいといい、また、「評価そのものが不明瞭」であるという問題を指摘する。

(3) 一方的なシステム運営

① アカウント停止の不明瞭

まず、指摘するのは、アカウント停止の不明瞭である。アカウント停止は、「結構ケース・バイ・ケースなのか、サポートセンターの対応者によるのか[21]、そこがすごく不明瞭で、アカウント停止の、その判断基準というのが明らかにされていない。」「評価があまりに低いと、突然アカウントを停止されることがある。」フードデリ社では、アカウント停止につながる事項が次のように示されている。

第1に、配達員の配達評価が各都市の最低ラインを下回り続ける場合[22]、

第2に、登録した車両と違う車両で配達した場合、

第3に、アカウントを複数もったり、他人のアカウントを使ったり、アカウントを他人とシェアしたりしてアカウントを不正利用した場合、

第4に、自分が注文した商品を自分に配達した場合、

第5に、わざと遠回りをして不正に配達距離を稼いだ場合、

第6に、配達のキャンセルを過度にした場合、

第7に、注文者のプライバシー侵害に抵触する行為をした場合、

第8に、ガイドラインへの抵触、フードデリ社の社員やスタッフに対する不適切な態度や会話等、フードデリ社と関連した建物や所有物等への損害行為、その他「技術サービス規約」の抵触行為をした場合、

第9に、信号無視、逆走などの交通違反行為、国の法律や条令への違反行為をした場合である。

以上のように、アカウント停止につながる事項は示されているが、それを定量的に知ることができない。また、誰がどのように判断してアカウント停止を行っているのかも不明である。サポートセンターの対応者によってばらつきがあるのでないかという疑問をもつなど、疑心暗鬼のところがある[23]。アカウント停止までは行かなくても、サムズダウンを多くもらい、評価が下がっていくと、「配達の回数とか、あるのかもしれないですけど、ほんとそこら辺わからないですよ。」と、評価がどのようにアカウント停止や配達の呼び出し回数に反映されるのかが分からないのが課題といえよう。「ただ1つ言えるのは、評価があまりに低いと、突然アカウントが停止されることがある」ぐらいである。

②配達料の体系と課題

フードデリ社配達員への配達料についてみてみると次のとおりである。配達料は次の算式である。すなわち、配達料＝配達基本料（基本料金──サービス手数料）＋インセンティブである[24]。基本料金は、受取料金、受渡料金、距離料金を足した額であるが、エリア・都道府県によってその料金が異なる。例えば、東京

都であれば、受取料金265円、受渡料金125円、距離料金60円（1km当たり）である。サービス手数料はフードデリ社側に払われるものとして基本料金の10%である。インセンティブとは、配達料に上乗せされる追加料金として、注文の多い時間や場所に適用されるが、「ブースト」、「クエスト」、「オンライン時間インセンティブ」の3種類がある。ブーストは、基本料金×（ブースト倍率── 1.0）であり、多くのレストランがあり、配達時間帯が食事時間帯であればブースト倍率が高くなる。例えば、1.5倍であれば、基本料金の5割がブーストとなる。ブーストは、時間的に「お昼時の11時から14時までと、17時から19時まで」の場合が多い。

クエストは、配達件数に応じて追加されるもので、例えば、4回配達完了で400円、8回で1000円、12回で1600円などである。最後、オンライン時間インセンティブ[25]とは、指定された時間において、配達料とブーストを合わせた金額が一定額に満たなかった場合、その差額を支払うものである。例えば、オンライン時間の1時間あたりのインセンティブが1000円である場合、その1時間で実際稼いだ配達料金が800円の場合、差額の200円を追加で支払われることになる。インセンティブは、注文が多い時間帯、また、雨のときに多くつくが、その程度がスマートフォンにリアルタイムで表示されている。「マップにかかる赤の色が濃さで追加される報酬金額が示されるが、（それを：呉）配達員は『染み』って呼んでいる」という。それを目指して配達員がその地域に「殺到すると、どんどん薄くなっていく」そうである。

そのほか、紹介者への特別報酬がある。キャンペーン期間中に紹介された人がアカウントを作成してから30日以内に初回配達を完了すると、紹介した人に支払うものである[26]。

配達料の支払いは、前記のとおり、週単位であるが、毎週月曜日午前4時までの配達料が確定し、火曜日に明細を確認することができる。送金は当週の水から日までに行われる。配達料は、自身のアカウントから1回の配達ごとに、また、週ごとにその金額・明細を確認することができる。

以上のように、報酬体系は、インセンティブにより食事の時間帯、また、雨の日などの注文が多いときに、多くの配達員がたくさん配達できるシステムとなっているが、事故につながる危険性が高くなる。そういう危険を回避し、安心して働ける報酬制度および適切な水準、そして手数料徴収の明確化を、事例1さんは求めている。

(4) 事故と補償制度

フードデリ社では事故に対する補償制度がある。2020年10月1日より、ある損保会社との包括提携協定に基づき、配達中の事故について補償を拡充・提供しているが、対人・対物賠償責任（限度額1億円）及び傷害に対する医療費（限度額50万円）や入院費（1日7500円、限度60日)、死亡見舞金（1000万円）などを補償するものである。補償は、配達リクエストを受けた時点から配達が完了するまでの間に発生した事故がその対象となる。リクエストを受けるために移動する時や配達のための出勤および退勤の事故は対象外となっている。

「現場のトラブルっていうのは、全て配達員に被さるようにできている」という。トラブルとしては主に配達予定時間に着かないことが多いが、その要因は、「お客様の入力した住所の不備」、不備がなくても「アプリ上で（住所が：呉）ちゃんと表示されない」ことなどである。その要因を顧客に言えば「分かってくださるお客様もいますが、いや、そんなのおまえの会社の問題だろ、知らないよっていう人」もいる。そのために、配達を急ぐことになり、事故に遭う可能性が高まる。

事例1さんは、「バイクが急に不具合を起こしちゃって、レッカー移動してもらったことがあるが、運よく、配達が終わったときだった。」といい、運に頼る配達の一面を語った。また、単独転倒事故にあったこともあるが、「その転倒事故を起こしたとき、配達中だったんですけど、中のお料理を見たら特に乱れていなかったのでそのまま配達しました。そのため後になって検証をしても証拠が無かったため事故証明ももらえなかった」という経験もあり、運転に注意しても遭う事故、また、それが配達中か配達後かというのは運によって異なる。その転倒事故で、「ちょっぴりバイクが傷ついてたのと、全治2週間の怪我を負った」が、それをサポートセンターにメールしたところ、「今後このようなことがあった場合はアカウントを停止するかもしれませんというメールをもらった。」という。

それに対し、事例1さんは、「ちょっと待ってよって、何か損害を与えたわけでも、配達をしなかったわけでもないのに、何で報告しただけで、しかも怪我[27]している状態でこんなメールをもらわなきゃいけないのっておもった」といい、納得がいかない対応であったと考える。

「そのアカウント停止の基準が不明確である以上、事故に遭っても報告しない例っていうのが相当数あると思う。」といい、アカウント停止の不明瞭が事故隠しにつながる恐れもあると指摘した。さらには、「情報開示」を求めているが、それは、事故に遭ったら申告してもよいのか、また、実際の補償がどれほどなされているのかが分かり、より安心して働けるからである。

以上、事故に対する補償制度があるが、アカウント停止の不明瞭があって、アカウント停止を免れるために、補償を使うことをためらう場合があること、そのため、事故隠しにつながる恐れがあること、さらには、情報開示がされていないので、補償を使うという確信が持てないなどの問題が指摘されている。それを解消するためには、「制度として労災適用というのを求めるべき」という「ゴール地点」を定めている。2019年10月に結成されたフードデリ社ユニオンは、そのゴール地点を目指して、2020年8月13日、「労災保険制度の見直しに関する要望書」を厚労大臣に出したが、主要内容は、「労災保険の対象を定めた条文を新設して、労務を提供し、その対価を得ている者と」し、「労災保険の保険料を事業主負担する形で、労災保険の適用拡大」を要請するものであった[28]。同ユニオンは、そういう要請の下、現状の労災特別加入には、「企業が保険料も事故の責任も免れるのはおかしい」と主張し、保険料の事業主負担を求めている[29]。

そのほか、社会保障について次のような問題意識を持っていることも語った。すなわち、「コロナで休んでも、国民健康保険じゃ失業手当も付かない、休業手当も付かないって言うのは、そんな感染リスクなんて誰でもあるのに、何でそんな、従業員じゃないからって、こんな仕打ちを受けなきゃいけないのって思った」といい、労働者と同様の制度適用を求めている。「やっぱり権利に基づいた社会保障を受けられる、突き詰めれば人権の話だよねって思うんです。だから、何だろう、そう、本当に突き詰めれば、みんなで幸せになろうという」社会になってほしいとも期待し、そうなっていない現状を変えて制度が「人権に基づいて」ほしいと、事例1さんは願った。それに向けては、「実際働いている人の意見を取り入れて、それに応じたきめ細かい社会保障っていうものが、でも分かりやすくあればいいな」という要望も示している[30]。

(5) まとめ～安心して働ける環境を求めて

事例1さんは、生活費の約50%[31]をフードデリ社配達の収入に頼っており、仕事そのものは自分にあっていると評価している。正社員に比べると自由度が高いこともその理由の1つである。しかし、どのくらいその自由度があるのか、労働者性の判断基準に照らし合わせてみると、次のとおりである。まず、配達をするかどうかに関しては基本的に応諾の自由があるといって過言ではない。しかし、配達の応諾をしなければ、仕事が入りづらく、最終的にはアカウント停止につながることもありうる。完全な自由とは言えず、「不自由な応諾の自由」といえよう。人によって幅があるものの、生活の糧をえるためには応諾をせざるを得ない場合もある。応諾すると様々な指示を受けながら、配達をすることになっている。第1に、レストランパートナーからの注意事項に従うこと、第2に、注文者の注意事項に従うこと、第3に、配達ルートはアプリ上のルート（推奨ルート）に従うこともできるが、自らが別のルートを選択できる。しかし、配達予想目安時間が注文者には示されるので、それを念頭に選択しなければならないという制約がある。そういう意味では、ルート選びも完全な自由とは言い切れない。

以上の注意事項（指示）に従わないと、レストランパートナーや注文者から悪い評価を受ける可能性があるので、従わざるを得ない状況である。こうした指示は、内容はともかく、フードデリ社の事業主が設定しているプラットフォームに組み込まれている。直接の指示者ではないが、指示の根拠を決めてそれをチェックし、アカウント停止などを通じて、配達員に指示を実行させているの（「指示の代理執行者」）がプラットフォーマーである。

2. 事例2（校正）[32]

事例2さんは現在の職場で校正の仕事に就くようになったのは次のような経緯がある。ある編集プロダクションで正社員として編集の仕事をしていたが、「ほかにやりたいことがあって、会社員ですとやっぱり残業もしなければならないし、時間が自由にならないので」という思いがある中、同社に勤め続けることと私的活動との両立が難しいと思い、同社を退職した。退職後は出版の仕事だけでは生計が立てられず出版とは関係ないアルバイトで生計を立てていた。「2年半ぐらいそんな生活をしていたところ、たまたま今の編集・校正プロダクションのスタッフの募集を見つけて、それで試験を受けて合格」となったものの、同プロダクション[33]に「名前だけを登録して、仕事があれば紹介してもらう、なければいつまでもそのまま」であった。「たまたま出版社に出向という扱いで、自宅から直接通うという形での仕事が紹介されて、その出版社の試験（面接と実技）を受けて今の仕事を得ました。」「何年かかけてだんだん出版社の仕事を増やしていくことができて、その出版社の仕事ほぼ100％で生活できるようになった」のは、正社員の編集者を辞めて8〜9年後ぐらいであった[34]。

(1) 契約の変化（不可解な契約と不利な変化）

事例2さんは、働き始めて5〜6年後頃以降は、月曜から金曜まで出社する常駐のフリーランスとして出版社で就労して現在に至っているが、その間、いくつかの変化があった。それについてみる前に、同氏と出版社との関係についてみてみたい。同氏は、編集・校正プロダクションに名前を登録し、そこから出版社に「出向」している。しかし、一般的な出向とは全く異なり、登録型派遣に酷似している。すなわち、出向元のプロダクションの正社員ではなく、また、出向元正社員としての勤務経験も全くない。かといって、派遣労働者かと言えば、そうでもない。それは、所属しているプロダクションが派遣会社としての登録をしているわけではないからである。出向でもなくまた派遣でもなく、会社間の業務請負の下、委託先で勤めている。業務の具体的な指示を委託先から日々受けるし、また、日々の仕事を委託先で行っているので、いわゆる偽装請負である[35]。同氏は、プロダクションと契約書を取り交わしているが、出版社とは契約書を締結していない。同プロダクションは出版社と業務委託契約を締結しているとみられる。

事例2さんが最初出版社にいって仕事をするときに、労働条件について同プロダクションから覚書のような簡単な書類を渡されたという。それは期限のない契約であり、就労の安定は図られたと思われた[36]。しかし、近年突然「1年契約になってしまった。[37]」という。「今まで期限の定めがなかったので、その契約書の1年期限というのは大幅な後退になった[38]」。

(2) 一方的な人事と処遇の決定

出版社の校正・校閲が主な仕事であるが、出版社の都合により仕事の内容は変わっていく。「社員は毎年1回人事異動の季節があって、もちろん全員が動くわけじゃないですけど、何人かは動きます。その社員の異動の時期に、フリーランスも担当替えをすることがあります。」

フリーランスというものの、出版社の「人事異動」によって部署と仕事が決まり、基本的に仕事を選ぶ権利は与えられていないのである。常駐フリーに仕事の「選択の自由はほとんどなく」仕事の諾否の自由はないのである。

仕事配分と職場環境について概略的にみてみると、次のとおりである。事例2さんは、プロダクションのスタッフとして出版社のあるチームに入ったが、1チーム7～8人のメンバーのうち、チーフ以下6割ぐらいが社員、4割ぐらいがフリーランスであった。その後、社員の割合がどんどん減っていって、あるときの2～3年はチーフだけが社員で、残りは全員フリーランスという時期を経て、その後、全員がフリーランスになった。

仕事も明確に決まったわけではない。「あした何時まで仕事があるのかもわからないし、あした何の仕事があるのかも分からないことも多い。」という形で予測不可能な状態で毎日働いているのである。「個々の作業の手順とかやり方とかそういうのは任されている。」という。

勤務時間についてみてみると、近年、その出版社は常駐フリーに年俸制を導入した。その前までは常駐フリーランスの出退勤を記録するタイムシートには出社時間と退社時間の欄があったが、年俸制導入と同時にそれはなくなって仕事の記録だけをつけることになった。そのため、定時とか勤務時間というのは事実上なくなり、表向きには出退勤の管理はしないことになっている。それにより、現在、事例2さんは、上司に当たるフリーランスのチーフの人[39]が「大体このくらいの時間に来る人だから、その人に合わせて何となくそのくらいの時間に行って、終わりは、チーフから今日はここまでいいですと言われたら帰る」という形で出退勤をする。

事例2さんは、実際の出退勤時間を書いて、プロダクションに提出し、それに合わせて時給・月給をもらっている。実際の労働時間が減ったら月給も減り、増えたら増えることになっているが、おおむね契約上基本とされている1か月の稼働時間は下回らないように働いている。

報酬にもいくつかの変化がある。「一番初め、出版社で勤務をスタートしたときは、試用期間が6か月あって、それを無事にクリアして本採用になったら時給が200円ほど上がり、2年目からさらに200円上がった。時給は交通費も消費税も込みであった。その後、その金額がずっと続いた。」しかし、「仕事が減ったという理由で2000年代に7%減らされたが、交通費も消費税も込みのままであった。」現在の月収は、「20万円台後半から30万円台」であるが、それには消費税と交通費も含まれている。ちなみにボーナスは「いっさいない」し、有給休暇もない。

以上の就労実態から、事例2さんは、「フリーランスはやっぱり不安定で保障がなく、仕事がいつ無くなるかわからないから、あるときにやらなきゃとばかりに詰め込みでやってみて、これは無理だと気づいて」、私生活での活動をセーブせざるを得なくなった。時間をもっと自由に使うために、フリーランスになったが、就労実態がますます厳しくなり、結局は趣味をあきらめることになった。フリーランスを選んだのは「後悔はしていないが誤算」であったと振り返る。

以上のように、事例2さんの就労の不安定化や労働条件の悪化が進んだが、それは、「出向・派遣」先の出版社の方針と、同出版社と編集・校正プロダクションおよび事例2さんと同プロダクションとの対等ではない契約の結果である。出版社は、近年年俸制を導入したが、それはフリーランスの「偽装請負」性、それに伴う直接雇用の問題を回避するためにとった措置であったと考えられる。その影響を受けてプロダクションも期限のない契約から単年度契約に切り替えた。プロダクションは出版社と対等な業務契約を締結できず、同社の方針を鵜呑みにする形で対等ではない契約を取り結んでいるとみられる。また、事例2さんと校正プロダクションとの間にも契約の対等性がないのである。それは、出版社より弱い立場にあるプロダクションとのフリーランス契約が、出版社の方針に左右されるので、同プロダクションに自分の主張が出来ないからである。結果、フリーランスが交渉力を上げてもっと対等になる道が閉ざされているのである。そのような状況で、事例2さんには、自分をめぐる両社間の契約内容が開示されておらず、一方的な報酬の引き下げや交通費などの経費が事実上支払われないことの改善を求めることが困難である。

(3) まとめ──実態に基づく労働者性の認定が求められる

事例2さんは、長い間出版社で校正等の仕事をしているが、同出版社に直接雇われているわけではなく、編集・校正プロダクションから「出向」・「派遣」されているのである。しかし、プロダクションで正社員として働いたことがないので、一般的に言われている出向とは異なり、また、同プロダクションが派遣会社でもないので、正式な派遣労働者でもなく、「偽装請負」に最も近い。業界用語では「常駐フリー」である。趣味の活動をもっとしたくて、正社員の編集者の仕事を辞めてフリーランスになったが、「それはやっぱり誤算で、時間が自由になるかと思ったら結局ならなかった」ので、活動を辞めざるを得ず、引き続き「常駐フリー」のままであり、結果として自由になれないフリーランスとなっているのである。

プロダクションとの就労契約も当初は期限のないごく簡易な契約書だったものが単年度契約となり、就労の不安定が増した。仕事の選択（諾否）の自由はなく、社員と同様に「人事異動」が行われる。その日の具体的な作業がわからないことが多く、就業時間も予測がしがたい。単年度契約となっているがゆえに、以前にも増して仕事を多くしなければというプレッシャーを抱きながら、間が空いたら仕事をもらいに行くのである。そのために、割り当てられた作業が終わっても自己の判断で退社することは基本的になく、上司に当たるフリーランスのチーフの指示や個々の業務の締め切り時間で労働時間が決まる。1か月基本報酬はあるものの、報酬は時給・月給であり、稼働時間により増減する。月収は消費税を含めて1か月に20万円台後半から30万円台、交通費は実質支払われていないが含まれていることになっている。報酬は2年目以降の時給より現在のほうが低い。

3. 事例3（ホテル支配人・副支配人）[40]

事例3さんは、地域振興のために、多くのアイデア[41]を持ちながら、いろんなチャレンジをしてきたが、最終的にある計画書（「日本版City PASS（発行協賛型地域振興券ポンデカウ[42]）」）をつくって、それを事業化しようとすると、大体2000万円の資金が必要であった。資金の確保に向けて辿り着いたのがあるホテル[43]の支配人・副支配人であった。

支配人・副支配人になる経緯は次のようなものであった。そのホテルでは、「3000万円、4年間やればたまる」という宣伝[44]を行い、担い手の公募をしていた。ある就職サイトでそれを発見した。「男女ペア限定、住み込みホテルの支配人。年収1100万円。業務委託」と書いてあった。同ホテルのHPにQ&Aというサイトがあり、質問に答えると、「応募・求人というボタンがあり、それを押すと事業化サイトに飛んだ。」Q&Aで、ホテルを経営するに当たり、「アルバイトの費用は個人負担であるか」と聞いてみると、「お部屋の大きさに合わせてアルバイト補助金をお支払いします」と書いてあった[45]。「夜中応募したら、翌朝にはすぐに担当者からメールの返事がきて[46]、3日後に説明会に参加した。」

2018年6月2日に合格の通知を受けてから約3週間後に研修がスタートし9月中旬に終了した。研修手当は1日1人当たり8000円であった[47]。「研修に合格してから支配人として働くホテル店舗[48]の現地に着任するまでは1週間しかなかった。」2018年9月19日より店舗運営がスタートした。

(1) 一方的な配置と業務指示への服従

事例3さんは、東京都心のホテル店舗（70弱の寝室規模）に着任したが、自ら選んだわけではなく、「指定されて、ただ言われたところに行っただけ」である。事実上、店舗への配属について諾否の自由はなかった[49]。同店舗は空港にアクセスする駅の近くにあった。店舗の稼働は、「24時間、365日を必ず常駐2人でやれ」と言われた。「2名置くということは8時間の3交代、最低6名いないと成り立たない」ことになる。しかし、そうすると、アルバイトの賃金負担が大きくなるので、アルバイト人数を2〜3人に最少化せざるを得ず、その分、支配人と副支配人の負担が大きくなることになった。

アルバイト代を絞っていくためには、効率的な店舗運営はもちろんのこと、支配人・副支配人の業務時間を極限まで増やすことになり、運営期間の553日間、休みはいっさい取れなかった。

1）統一的・一方的な契約の内容

就労の実態についてみていくが、その前に、業務委託契約について主要内容に絞ってみることにする。まず、委託契約期間は、当初HPに掲載されている4年ではなく、一方的に1年となっていた。契約の具体的な内容を見てみると、第1に、委託業務の範囲は、朝礼・フェイスアップ業務、ホテルフロント業務、チェックイン業務、予約応対業務、売上金等現金管理・経理処理業務、顧客拡大業務、朝食業務、建物維持管理・客室点検・清掃維持業務、鍵管理業務、品質向上業務、防火維持管理業務、水質管理業務、駐車場管理業務、自動販売機等サービス対応業務、宅急便取扱業務の15業務であり、その他甲（ホテル本部）が指定するホテル運営に必要な業務および上記15業務に付帯する一切の業務となっている。

第2に、委託業務の履行方法は、ホテル本部の経営理念、経営方針、営業施策等を遵守のうえ履行するものとして、詳細については、統一的な営業品質を確保するため、業務要領に定めるものとし、それを遵守して履行する。業務要項では、上記15業務内容の詳細が示されている。交付する「ワークスケジュール」を参考に人員の適正な配置を心がける。営業成績および問題点等を報告し、問題点等についてはマニュアルに定める基準に従い、ホテル本部と協議の上対応する。不明・不確かな事項の発生の際、必ず報告・相談の上、業務を行う。1か月毎に、収入、経費等の運営成績、毎日、店舗の利用状況について、所定の方法にて報告する。宿泊客よりクレームを受けたとき、マニュアルを遵守して対応し、所定の書式を用いて、全件を報告する。クレームを自ら処理できない場合、ホテル本部との協議に基づき、自ら処理するか本部の指示に従って処理する。

第3に、ホテル本部の事前の書面による承諾なくて、委託業務の第三者への再委託や権利又は地位の第三者への譲渡・担保禁止であり、取引業者又は宿泊客等の第三者から利益の獲得を目的とする行為の禁止など、禁止事項は14項目にのぼる。

第4に、業務委託料は1年目年間約1100万円、報奨金は業務成績に応じて別途支払う。また、個人事業主として開業届、確定申告、国民健康保険、国民年金への加入、転居届、防火管理責任者などの資格の取得と資格証明書の写しの提出などが定められている。

第5に、ホテル本部のマニュアルの改廃の全権承認および改廃後のマニュアル内容に従って委託業務を行う。また、業務要項などの業務の履行状況の速やかな報告、入院の恐れがある場合事前報告など。

第6に、ホテル本部は、事業方針の変更、経済情勢の変更等により、契約期間内であっても、4か月の予告期間をおいて、解約できる。その場合、他の店舗業務受託に最大限努力するが、当支配人・副支配人が受託できない場合、4か月分の業務委託料を支払う。契約両当事者は、本契約の1つでも違反したとき、営業の廃止・変更など（7項目）の際には、さらに、ホテル本部は、本契約または業務要項に定める事項に従わないときなどに直ちに本契約の全部又は一部を解除できる。

2）マニュアル化した業務の遂行・自主性の皆無

以上が、業務委託契約の主要内容であるが、同契約で示しているマニュアル等[50]は1千300ページ以上にのぼり、支配人・副支配人が主体的、自主的にできることは皆無に等しく、全ての行動はホテル本部に従属されているとみて差し支えないだろう。具体的にどのような就労をしているのかについてみてみたい。事例3さんの1日の業務内容は［**図表1**］のとおりであるが、まず、朝食準備を行う副支配人の主な業務について記述することにする。

副支配人は朝5時30分に起きて朝食の準備をし、6時30分から朝食を提供する。(毎日24時間業務対応で働き過ぎて自力では起きられないので、支配人が徹夜してその時間に合わせて起こす。)。

朝食時間は9時までであるが、ホテルの指示で特定の期間は9時半までやってくれと言われる。朝食提供は、アルバイト1人と2人で行う。食事提供後、10時まで片付けも行う。

フロントは基本的に7時から開くことになっているので、副支配人が対応する。しかし、実際は朝食提供が始まる6時30分からフロント業務を行わざるを得なくなる。それは、お客さんが基本的に時間に関係なくフロントによって、文句とか、いろいろなクレームなどを言うからである。

9時30分から清掃業者との朝礼が始まる。その後、10時から経理作業を行うが、「経理作業というのは、売上を毎日、毎日締めなきゃいけないもので、すごい手間のかかる作業」である。それは、システム上、「1回OKを押しちゃったら、後戻りできないみたいな」ものだからである。

「経理作業をやりながら、フロントも全部やることになる。」「フロントにいろ」といわれるからであり、経理作業は事務所内じゃないとできないので大変である。経理作業の間、朝食担当の人から「この牛乳がないから、これだけ発注したほうがいいとか、そういうものをもらいながら、一緒に朝食の業務も、発注業務も同時並行やりながら、大体12時までに経理を締めなきゃいけない。」

「12時に過ぎると、ホテル本部の経理部から電話がかかってきて、何でやっていないんだって言われる。」かつ、「チェックアウトするはずのお客さんで、チェックアウトしないお客さんがいるので、その人達の対応とか、部屋に行ったら清掃員が対応できないくらい部屋の備品が壊れているとか、あれがない、これがないというので、(清掃員に：呉) すごく呼ばれるわけですよ。それを全部1人で対応して、12時までに何とか経理を終わらせる。」

また、「その後 (12時以降) は、売上というか、経理の仕分け。ポイントサービスとかで払ったお金とか、そういう仕分けも全部手入力というか、余計な経費がかかった場合、ボールペンを買ったとか、本当に細かいんですけど、例えば切手を買ったとかというので、経理の入力というか、システムにまた入力しなきゃいけない作業があって、それをやる。」
そして、14時30分からは清掃チェック。清掃した部屋を10室ぐらい選抜して確認しなきゃいけないんです。30分以内に。それを怠ると、清掃クレームが起きてしまう。」

以上の仕事をすると、「本当に、息つく暇もほとんどなく、15時を迎えるんですよ。15時になったら、チェックインだといって、お客さんがわっとくるし、その前にも荷物の預かり、ホテルが開いている時間帯は、基本的にお客さんが出入りしているので、休む暇が本当にない。」

「翌日の予約のチェックとか、いろいろなものが発生するんですよ、そういう事務的な作業が。それが基本的に毎日発生する業務なので、チェックインしながら、いろいろな細かいロビーの掃除とか、フロント周りの掃除とかをしつつ、クレームやお客さんのリクエストに応えながら、大体、気がつくと21時ぐらいになっている。」

副支配人は、大体21時から22時の間に現場から離れて休憩・就寝時間に入ることができるが、クレームなどがあると、深夜までそれに対応しなければならず、休憩・就寝時間が削られてしまうのである。その場合、「2時間ぐらいの睡眠で朝起きて仕事をすることになるが、月に5回から10回はあった」という。ホテル経営が1年経つ頃には、「本当に死ぬかと思う」ほど体力の限界を感じたと述懐する。

支配人の業務についてみてみると、次のとおりである。「12時か13時から出勤し、最初は軽く打合せをした後、14頃銀行に行き15時まで、売上金を毎日入金する。その足でついでに昼の食事（朝ご飯も食べていないので、朝ご飯も兼ねている。）を買ってくるが、大体14時半頃になる。部屋掃除のチェックに行くか、フロントに残る。

それが終わった後に、15時にチェックインをオープンし、フロントのチェックインの業務を行う。フロント業務は、基本的に副支配人が、アルバイトが来るまで行う。支配人のメインの仕事は「部屋を売る」ことであり、大体16時か17時ぐらいからスタートして24時まで行う。ホテルと契約している販売サイト（じゃらん、楽天、Agoda、るるぶ、自社サイト）に掲載されている料金を毎日手作業で更新していかなきゃいけない。更新は大変な作業である。それは、その日の売る部屋というのは大体10プランぐらいがある。また、部屋のタイプが3つあるので、1つのサイトに30個の料金を、お客さんの入り具合などをみて、当日までに埋まらなかったら、安くして行かなきゃいけない。例えば、1泊7000円だった料金を6500円に。10個のプランがあって部屋タイプが3つあるから、30工程の作業がある。それに販売サイトが5サイトであるので、150工程の料金を変えることになる。

「料金は500円刻みで、最低料金から最高料金まで価格表があるので、その通りの料金を入れなきゃいけない。ただ、当日になっちゃうと、売り切れなくなると、500円刻みなんだけど、800円とか、微妙な落とした金額でやってもいいよ」という本社の了解がないとできない。

以上、部屋を売る業務は、満室になると少なく、満室にならないと多くなる。1か月のうち、半分ぐらいは満室にならないので、その業務時間が長くなる。部屋を売る業務は、今までの当月に限るのではなく、半年先までの間の5サイトで行う。「半年間の予約の値段、全部を支配人が確認しなければならず、作業的には数千作業」となる。毎日、部屋を売る作業を翌日5時30分まで行が、副支配人やアルバイトがフロント業務から抜ける場合、フロント業務も行うのである。24時になると、クローズ作業を行うが、お金の計算、店舗の閉め、翌日清掃の人に配る2種類の作業指示書の作成であるが、大体翌日1時までにかかる。それ以降は、本格的に当日から半年間の全部のサイトの価格調整を延々4時間半やる。また、支配人は急なキャンセルを埋めるために、朝5時まで顧客を待つのである。

就寝はマニュアルに支配人と副支配人24時から翌日5時までとなっているが、実態は、支配人は、上記の通り、翌日5時30分まで業務を行うことになる。大きな理由は2つある。1つは、夜中以降クレームがたくさん発生するからであり、顧客からの苦情・クレームに対応しなければならない。苦情はほとんど深夜に来る。1年間、94件が発生した。もう一つの理由は、空室の際に満室にするために客待ちをするし、また、不審者の出入りを、カメラをみながら監視し、ホテルに入ることを止めるためである。そのほか、月次処理（後述）というものがあり、報告書、領収証の貼り付けなどの準備も夜間を利用して行う。支配人は、翌日5時30分までに副支配人を起こして朝食の準備が行われる状態を確認してから13時までの間が自由な睡眠時間に当たる時間である。そのため、支配人と副支配人が一緒に睡眠をとることは「全くない」のである。また、それぞれ寝ていても「寝ているというよりは、半分寝ていて、半分起きているという感じ」だったと述懐する。

［図表1］事例3さんの1日の業務内容

時間	業務内容
5:30	朝食準備開始
6:15	トイレチェック
6:30	朝食開始
	フロントシャッター開ける
	朝食用音楽再生、フロント及びロビー点灯
7:00	フロントオープン　営業時間の看板下げる、エントランス解錠
	お天気情報入力
	タブレット起動
	荷物預かり開始・道案内・宅急便発送受付
7:15	自社予約リコメール送信
	清掃日報依頼の再確認
	ﾈｯﾄ予約取込
	メール問い合わせ返信開始
8:00	手金庫の金額、金種合わせ、確認
8:15	ﾒﾝﾃさんに清掃日報と鍵を渡す
9:00	朝食終了、朝食片づけ
	納品量・廃棄量の測定→データ入力
9:50	メンテ朝礼
10:00	営業時間案内の看板をかける□
	フロント照明消灯
	「清掃中」看板をかける□
	経理処理開始　12時までに稼働率更新！！
11:00	会計システムにデータ入力
	朝食発注　13時締切
	毎週土曜日　サラダ1週間分発注
12:00	翌日分アゴダ予約チェック
14:00	銀行入金・両替・郵便
	ｱﾒﾆﾃｨBOX補充(ﾊﾞｯｸﾞﾔｰﾄﾞからﾌﾛﾝﾄ下へ)
14:30	清掃チェック
14:55	トイレチェック・玄関周り・ＥＶ内の清掃チェック
	館内照明・夜のＣＤ・エアコンＯＮ
	営業時間案内の看板を外す
15:00	チェックインスタート！明るい笑顔と元気なご挨拶でお出迎えを！お名前は3回以上呼ぶ！＋αのお声掛けを！
	身だしなみチェック・フェイスアップ（アテンダント出勤時）
16:00	翌日予約者チェック
	明日の予約者チェック
	口コミ・投稿・メール問合せ返信
	宅急便の出し忘れがないか確認
	予約(ｱｺﾞﾀﾞ・るるぶ等)入力開始5
	廊下の電気一部消灯
16:30	清掃チェック集計表入力
18:00	忘れ物管理
	印刷物の印刷補充
	Welcomeカード作成(1日2～5枚作成)
	身だしなみチェック・フェイスアップ（アテンダント出勤時）
18:30	予約(ｱｺﾞﾀﾞ・るるぶ等)入力・予約ｶｰﾄﾞＷチェック
19:00	トイレチェック・玄関周り・ＥＶ内・喫煙ｺｰﾅｰの清掃チェック
	毎週金曜　アンケート回収・口コミへ送付
	ランドリー洗剤補充（月・金）
	クレジット売上日計印刷。ホテルシステム上の売上金額と照合
19:30	予約(ｱｺﾞﾀﾞ・るるぶ等)入力・予約ｶｰﾄﾞＷチェック
20:00	未到着電話
	業務連絡作成
21:00	朝食の食器出し
	ｱﾒﾆﾃｨBOX補充(ﾊﾞｯｸﾞﾔｰﾄﾞからﾌﾛﾝﾄ下へ)
	トイレチェック
	クレジット売上日計印刷
22:00	アサイン
	朝食コーナー準備
	翌日ワークスケジュール・業務チェック表作成
23:00	会員登録100％・性別入力チェック
	領収書一覧印刷しチェック
23:40	当日の予約カード・アライバルカード整理
	クレジット・小口現金チェック
23:55	とくとくスタンプ日付変更
0:00	フロントクローズ
	自動ドア施錠・「営業終了」看板かける・留守電設定□
	フロントシャッターを閉める
	ウィークリーキャッシュバックの準備
	小口現金チェック・金庫施錠チェック
	館内照明・夜のＣＤ・エアコンＯＦＦ
	24時締め□
	メッセージ部屋入れ（ドアノブ掛け）
	事務所入り口施錠・インターフォン切替
	ｸﾚｼﾞｯﾄｶｰﾄﾞ売上照合
1:00	アゴダ予約入力・予約取込・ルーコン
2:30	清掃日報・整備日報作成

出所：事例3さん提供資料

以上、ホテル店舗の1日業務内容であるが、曜日毎にまた1か月のうちに特定日に行わなければならない業務内容もあるが、［**図表2**］のとおりである。詳細については1日に行う経理月次処理についてみてみたい。請求書の確認、現金出納帳の印刷・ホッチキスまとめ、現金在高表兼前受金管理表の印刷・クリップまとめ、通帳の印刷・ホッチキスまとめ、売掛金管理表の印刷、送金依頼書の作成・押印・コピー、現金過不足報告書の印刷などの28項目にのぼる。

[図表2] 曜日・特定日ごとの業務内容

曜日・日	業務内容
月	アメニティ在庫確認・発注
火	精算機全回収
水	印刷物確認・補充
木	フロント用のタオルセット・水（客室備品）補充
土	貸出備品のチェック
日	アンケート用の粗品・販売用のカミソリなど確認・補充・発注
金	アンケート回収・送付
1日	経理月次処理
1日	クレジット伝票控え送付（1日）
1日	本社へ経理書類送付
1日	各部へ月次報告書類メール送信
1日	忘れ物処分
1日	保管書類の整理
1日	レベルアップシート面談
1日	環境実施進捗管理表に実施状況を記入（ISO14001）
5日	シフト作成
5日	店舗施設設備の定期チェック（電球切れ・ボイラー等）
10日	メンテナンスミーティングの実施
10日	経営品質点数確認および改善アクションプラン立案
15日	給与計算・給与支払
15日	ＶＯＤ売上回収・振込
15日	朝食業者ミーティングの実施
16日	クレジット伝票控え送付（16日）
20日	宿泊プラン内容の検討・代理店サイト業者相談
25日	レンタルユニフォーム確認リストを送信
25日	月次請求書を本社経理部へ提出

出所：事例3さん提供資料

上記の契約内容、また、業務内容をみてみると、日々行う業務の中で、支配人・副支配人が自ら判断して主体的にできることはほぼないに等しく「奴隷契約」とも言われている。全てがマニュアル化されており、それに従う行動が毎日・1年365日求められているからである。従わなければ、最終的に解約となるのである。事例3さんは、マニュアルなどによって従属されていることについて、「この分厚いマニュアルで、やり方、しゃべり方、笑い方まで、全部決められているんです。声まできまっているんですよ。」と端的に表現する。

定型的な業務だけではなく、クレームへの対応においても全てホテル本部の指示によって行動することになっている。業務要項では、「宿泊客よりクレームを受けたとき、マニュアルを遵守して対応し、所定の書式を用いて、全件を報告する。クレームを自ら処理できない場合、ホテル本部との協議に基づき、自ら処理するか本部の指示に従って処理する。」とされている。

ホテル店舗運営において、清掃業務が極めて重要であるが、清掃業者の選定は本部が一方的に行っており、事例3さんはそれに全く関与できない。ホテル現場の改善への熱意が、権限のなさによって、実現できないことへのむなしさを感じるようになった。清掃クレームによる清掃業者との不協和と本部への報告などが後に契約解除につながったもの、と事例3さんは述懐する。

アルバイト採用も事実上本部の承認が必要である。それは、本部が採用費用を補助するからである。2019年5月15日、事例3さんは、アルバイト求人広告費の件で社内イントラネットにて公告費の見積書（約10万円弱）とともに1人の採用をしてもよいかを起案し、決済を求めた。本部の経理部までの決済は6月24日と1か月以上の期間を経て承認されたものとみられる。

事例3さん（支配人と副支配人の2人）の業務委託料は、1年目は年間約1100万円、2年目は約1260万円と決まっており、毎月その12分の1の金額が払われる。そこから保証金として当初の15か月間、報酬より毎月10万円ずつ差し引かれて150万円とし、業務委託契約終了時に利息をつけずに返却されることにしている。また、委託料にはアルバイト料と朝食アルバイト補助金が含まれているが、それぞれ年間約300万円、約67万円と見込まれている。事例3さんがアルバイトを多く使えば使うほど、自身の報酬は減ることになる。

以上、委託料からアルバイト代などを差し引くと、事例3さんの手元に残る報酬は、「最初にはじめたとき赤字で、その後の月は、16万円、26万円、2万8000円、その後、一番多かったのは36万円、後23万円、ちなみに1人じゃないですから、2人でこのお金です。」というような水準であった[51]。

事例3さんは、激務が続く中で、身の危険を感じ、命を守るために、2020年1月にあるユニオンに加入することになった。ホテル本部とユニオンとの団交では、労働者性を認めるように要求した。ホテル本部は、「債務不履行」[52]の理由で、2020年3月24日、事例3さんを業務から排除し追い出したという。その内容としては、「売上げが低い、部屋の稼働率が下がって、周辺店舗と比べて著しく低いこと。また、事業者にもかかわらず労働組合に入って組合活動をして、業務を妨害した」ことなどであるが、それが「背信行為」に当たるとみなし、翌月、一方的に業務委託解除を行ったという。

(3)　まとめ～マニュアル等による拘束も労働者性の判断指標に

事例3さんは、外見上はホテルの支配人・副支配人であったが、実態は労働者であったと主張するが、主な内容は次のとおりである。第1に、諾否の自由がなかったことである。ホテル店舗への配属はホテル本部から一方的に命じられた。また、ホテル業務委託契約の締結も契約期間が当初4年のはずだったものが一方的に1年となっていた。こうした契約は、本意によるものではなく、ある意味強制させられたものであった。それは、研修の際に、4年間帰れないから身辺整理を促されて、住まいなどを全て整理して生活根拠を失い、退路を絶たれたので、不利な内容でも契約に応じざるを得なかった。

第2に、業務遂行上、ホテル本部とは使用従属の関係にあった。まず、契約上、「本契約または業務要項に定める事項に従わないとき、または評価基準を満たすことが出来ず、かつ、評価基準を満たすように是正を求めたにも関わらず是正されないとき、委託業務に関する成績・評価が、業務要項を満たさないとき」などは契約の全部または一部を解除することができると定められており、ホテルの定める事項に従うことが前提となっている。業務の内容も全てマニュアル化されていて、日常の業務は毎日、毎曜日、また、月の特定日ごとに詳細に示されてそれに従うことが求められた。クレームなどの異常時の業務も基本的に全てをホテル本部に報告して指示にそった対応が求められた。従属しているかどうかのチェックは、イントラネット、メール、電話などで日常的に行われているだけではなく、年2回の評価の際に厳しくなされていた。

第3に、使用従属性があるので、業務委託契約と言いながら、受託者（事業者）としての自主性・自律性はほとんどないに等しかった。ホテル経営に極めて重要な清掃業務の業者は、ホテル本部が一方的に選定しており、事例3さんが関与することはできない。また、売上げた収益を毎日ホテル本部に送金するだけではなく、費用がかかる全ての業務はホテル本部に報告し決裁をもらうことになっている。アルバイトの採用も、ホテル本部が採用費用を出すことになっているので、本部の承認を得なければならない。事実上、労務のみを提供する労働者に過ぎなかったという。

実際、ホテルのほとんどが業務委託契約で運営されている。そうしながら、「統一的な営業品質を確保する」ために業務要領・マニュアルを作り、受託者がそれに厳格に従うようにしているので、受託者の裁量は基本的になく、労働者以上の労働力を提供することが求められていた。ホテル業務は常時2人が当たることになっているが、1日8時間勤務を前提にすれば、最低限6人の要員が必要である。事例3さんの支配人・副支配人が事実上6人の要員を担っていたので、命を削る過重労働となり体調不良になったと見られる。

事例3さんの主張が、ホテル本部にまだ受け入れられていないが、1日も早く実態に基づいた労働者性の判断がくだされることを期待する。

第3節　まとめ―労働者性の判断基準の見直しとフリーランスの実効的な保護を求めて

以上、3つの事例について考察してみたが、共通性や相違性について見てみながら労働者性の判断基準及び政策課題について検討してみることにする。

まず、当事者がフリーランスを選択する意図について見てみると、意図が強かったのは、事例2と事例3である。前者は趣味をするための時間を確保するためであり、後者は地域活性化につながる事業の創業資金を調達するためであった。事例1は前職を辞めて次の職を探すまでのつなぎとしてフリーランスについた。

フリーランスと労働者との境界線、すなわち労働者性の有無についてフリーランスになる前に明確な知識を持っていたかどうかについて見てみると、いずれもそういう知識をもっていなかった。事例1は、次の職のつなぎという感覚で配達の仕事をしたが、労災保険に適用されないことに納得していない。事例2はいくらかの変遷があるものの、正社員と同じ時間、場所、仕事で、人事異動もある。最近になって、労働者性について知識がつくようになったが、それは出版社が労働者性を否認するためにフリーランスの上司の配属、仕事ごとの出退勤記録などの導入の動きから感じ取っている。事例3は事業者性の高い働き方であったと思っていたが、ホテルの支配人・副支配人をしてみると、事業者性（自主、主体性のある事業運営）がなく、労働者性が非常に強いと感じている。

労働者性の基本的判断基準である使用従属性という面から見てみると、いずれも使用従属性が強いといえる。事例1は、専用のアプリをオンにするかどうかは配達員の自由であるが、オンにしたのち、リクエストを拒否しつづけるとアカウントが停止になることもあり、リクエストを受けるとレストラン及び顧客(注文者)の注意事項に従いながら、配達時間を気にしながら配達することになっている。そういう面では使用従属性が組み込まれたシステムに従属して配達する。事例2は、最初は労働者性が極めて高かったが、徐々に労働者性が弱まっている。特に形式的に。雇用形態が適法な派遣ではなく、また、事業の完成を受託する事業者でもなく、日々、正社員または上司のフリーランスの指示を受けて仕事をしている。仕事そのものの遂行にはプロとして自ら判断して行い、具体的な指示はない。仕事の内容についての具体的な指示を受けていないのは、本人がその分野のプロだからである。事例3は、ホテルの配属、ホテル清掃業者の選定に自分の意思が排除されており、アルバイトも本部の承認が必要である。日々の業務は、「統一的な営業品質を確保するため」、マニュアルや業務要領に定められている規程に縛られて、行っており、また、異常時も本部に報告し、指示を受けている。事業者としての自主性や主体性はほとんど発揮できない。

労働者性の最も重要な判断基準である使用従属性の面からみるといずれの事例

も労働者性が高いとみられる。労働者としての保護・権利が保障されるような措置がとられるべきである。特に事例1は労災保険の適用、事例2は有給休暇、事例3は労働時間である。もし労働者性が100%認められなければ、いっさい労働者の保護・権利を与えないというAll or Nothingのアプローチではなく、当事者が最も必要とする保護・権利が適用されるように柔軟な法・制度の運用が求められる。

また、労働者性の判断基準の見直しも必要である。同報告は1985年出されたが、その後企業の人事労務管理も労働者の働き方も大きく変わっている。すなわち、裁量労働制、目標管理制度、成果主義管理、高度プロフェッショナル制度など、使用従属性に基づく受け身的な働き方から労働者が自ら判断して主体的に行う働き方に大きく変わっている。現在の労働者性の判断基準を厳格に適用すると労働者ではなくなる人々も多く出る可能性がある。そのような人事労務管理や働き方の変化に合わせて労働者性の判断基準の見直しを行うことが求められる。その際には、システムやマニュアルなどに組み込まれた使用従属性をも積極的に反映すべきであろう。そして、雇用形態に中立的な労務費用システムの構築である。同じ仕事をするのに、雇用形態によってその費用が異なると安いほう（フリーランス）に仕事が集中し、働き手の労働条件や労働環境が低くなる恐れがある。どんな雇用形態でも4大保険が適用される等の措置をとって雇用形態に中立的な費用システムをつくり、特定の雇用形態にマイナスの影響が出ないようにしていくべきである。

3つの事例を見る限り、労働者より弱い立場に置かされているのはフリーランスである。にもかかわらず、フリーランスの保護法はいままで制定されてこなかった。2023年4月28日ようやく国会で可決・成立した「特定受託事業者に係る取引の適正化等に関する法律」（いわゆる「フリーランス新法」）がどこまでフリーランスの保護に有効なのかは注目してみたい。同法では取引条件の明示や適正化、就業環境の整備などが主な内容であり、労働者より弱い立場であるフリーランスに必要な取引の対等性確保、最低の就業条件や4大保険の適用などは盛り込まれていない。今後、同法の実効性に注視しながら、さらなる保護策を講じていくことを求める。

〔注〕

1　内閣官房、公正取引委員会、中小企業庁、厚生労働省（2021）「フリーランスとして安心して働ける環境を整備するためのガイドライン」。

2　内閣官房日本経済再生総合事務局(2020)「フリーランス実態調査結果」。

3　内閣府政策統括官(2020)「要旨　日本のフリーランスについて」によると、雇用的自営等（建築技術者、システムコンサルタント・設計者、保険代理人、調理人など特定の発注者に依存する自営業主が多く含まれる職種）の人数は、1985年128万人から増加し2015年164万人にのぼった。

4　2020年9月18日、2021年9月8日（2回目）、フードデリ社ユニオンの事務室（2回目はオンライン）で約3時間にわたって配達員のアプリを操作しながら、わかりやすく貴重なお話をして頂いた。この場を借りて深く感謝申し上げる。

5　配達員として登録したのは3か月早い7月であった。2018年11月から19年2月まで別のところで勤めたことなどがあり、2019年7月から本格的に配達員の仕事をすることになった。

6　その知人は配達員ではなかったが、「こんな働き方ができるんだって」という紹介であった。

7　2024年4月1日現在も引き続き配達の仕事をしている。

8　配達の仕事をする前に既にもっていて、「これ使えるんだ」という思いで、アプリ登録をした。

9　「出発」をタッチすると10回に1回程度、本人確認が求められる。

10　現在（2021年9月）は、2021年5月10日から全国的な受注システムの変更に伴い、受注画面でピックアップ先の店舗名と住所、ドロップ先の住所、総合的な距離、予想所要時間、予想報酬額が明示されるようになった（フードデリ社、2021「フードデリ社配達パートナーガイド」、以下、「2021年ガイド」という）。2020年のガイドもあるが、以下、「2020年ガイド」という。

11　同社運営のヘルプページには、次のように示されている。「応答率が低い場合配達パートナーの皆様にはアカウントを停止する場合もございますので、予めご了承をお願い申し上げます。」

12　最近は、コロナの影響で、「マスクを着用しているか」、「定期的に手を洗うか」、「消毒しているか」も確認されるという。

13　注文品の注文番号の確認、注文内容と手渡された注文品との内容の確認を行う。

14　2021年5月10日のシステム改定前まで。

15　「」と表示される。

16　「」と表示される。

17　「2020年ガイド」より。

18　場所の詳細説明、入店の場所（正面ドアか裏ドアか等）、店内のどこで注文品をピックアップしてほしいか、配達用バックを店内にもってきてほしい、「店内には入らないでください。出入り口までスタッフが行きますから」、「ここに駐車してください、ここは駐車しないでください」、また、運ぶ際には、「暖かいものと冷たいものを分けて運んでください」、「汁物が入っていますので、傾けないようにしてください」等々である。事例1さんの経験上、注意事項が書かれているのは、全体注文の1／3ぐらいだろうと言う。

19　例えば、「玄関先まで届け」、「外で受け取る」、「チャイムを鳴らさない」などがある。

20　「2020ガイド」より。

21　配達員の配達時の問題に対して、サポートをするサポートセンターがあるが、「配達員からすると、もうまずつながらないし、10分でつながれば早いなっていうぐらい。30分待たされても珍しくない。」という面があり、身近い存在でありながらも遠い存在である。サポートセンターは、関東エリア（東京、神奈川、埼玉、千葉)、中部エリア（愛知)、近畿エリア（大阪、京都、兵庫)、その他に問い合わせ番号ごとにあり、配達中の質問や緊急時のトラブルの際に電話することになっている。それ以外の事柄についてはアプリのメールを使うように勧められている。

22　その場合、「このままだとアカウントが停止されるという通知が来て、その後、改善が見られないと、いよいよ永久停止ということになる。」という運用のようである。

23　「事故に遭った際は一時的なもの（アカウント停止：呉）ですって説明をされることがあるそうですけど、こちら側から問い合わせないと、そのままだったり、そこは結構ケース・バイ・ケースなのか、サポートの対応者によるのか、そこがすごく不明瞭で、アカウント停止の、その判断基準というのが明らかにされていないんです。」また、アカウント停止について、「サポートによるんですよね。サポートの対応次第で、それが一番極端な話、永久的アカウント停止がひっくり返った例もある。サポートセンターも運営に対して、いや、これは納得がいかないって言って、サポートセンターの人が掛け合って、それが回復したっていっている人もいます。」という問題点を挙げている。

24　「2020年ガイド」より。しかし、2021年5月10日より報酬体系の変更に伴い、現在（2021年9月）は、次のようになっている。すなわち、予定配送料＝配送料（基本金額＋配達調整金額）＋プロモーション（ブースト＋ピーク料金）－サービス手数料（配送料×サービス手数料）である。具体的にみてみると、基本金額は配達に費やす予定時間と距離、および商品の受け取り場所や届け先が複数かどうかを基に算出されるものである。配達調整金額は、基本金額に加えるものとして、交通状況が通常の目安よりも混雑している場合、通常の目安よりも商品受け取り場所での待ち時間が長い場合、配達パートナーの数が少なく通常よりも配達の需要が高い場合である。ブーストは、注文の多い時間や場所において、配送料の基本料金を一定の倍率（例えば1.1倍、1.4倍など）で増額するものであり、ブーストの時間や場所は毎週更新されるが、アプリ内の「プロモーション」や「マップ」で確認できる。ブースト金額は、配達リクエストを受け取った際に表示される予定送料金額に含まれる。そして、ピーク料金は、注文が多い時間とエリアにおいて、配達ごとに発生する追加報酬である。ピーク料金が発生するエリアとその金額は、注文数に基づいてリアルタイムでアプリ内のマップに更新・表示される。事例1さんは、配達調整金額が新たに導入されたことにより、「急いで配達する必要性は低くなった。」という。いっぽう、「配達需要が少ないと思われる時間帯、地方のあまり大きくない都市では、300円均一の配達料金が結構多く、頻発している」とのことで「改悪」の側面があるという。特に、「毎日、平日も稼働しなければならないという本業の方は結構ダメージを受けている。」と見られる。

25 「2020ガイド」より。

26 紹介者への特別報酬は時期によってその内容が変わる。例えば30日以内に何回を配達することが要件となる時もある。

27 怪我の治療のために病院に行き、「頭を打ったんで、CTを撮った。そのため、病院代は1万7000円とちょっとかかった」が、それは「国民健康保険を使った自己負担であった。」

28 2021年9月からフードデリ社配達員が含まれる自転車配達員（「自転車を使用して貨物運送事業を行う者」）も労災特別加入対象となった。ITフリーランスも対象となった。それに先立ち、同年4月からは、芸能従事者、アニメーション制作従事者、柔道整復師、創業支援等措置に基づく事業を行う高齢者も特別加入対象となった。ちなみに労災保険料は全額加入者負担である。

29 「同一労働同一待遇というのを求めて」いる。配達という同一労働に対して、直接雇用労働者は労災適用、フリーランスは労災適用されないというのは「強い言葉でいうと、差別的な状態」である、と指摘する。労災だけではなく、失業手当や休業手当などにおいてもフリーランスに適用されないのは差別されており、「おかしい」と感じるという。

30 ちなみに、事例1さんは、コロナの影響を受けて、持続化給付金を申請し約70万円を支給されたという。

31 前記のとおり、2021年9月現在は20%である。

32 事例2さんには、2020年9月19日と2021年10月16日、2022年1月3日、ヒアリング調査を行った。土曜日及び休みの日にもかかわらず貴重な時間を割き、ご協力頂いた同氏にこの場を借りて心より感謝申し上げる。

33 当時同社には月1日でも働いているスタッフが100名以上いたが、そのうち、毎月繰り返して仕事をしているスタッフは約30人である。

34 就業時間は、最初の時点で月40時間であったが、その後徐々に長くなって80時間台となり、3年目頃からはようやく100時間を越えるようになった。5〜6年目以降はフルタイム労働者と同等になった。

35 出版関係のフリーランス業界では、偽装請負に当たるかどうかは別として、定期的に「出社」して仕事をするフリーランスを「常駐フリー」という。

36 他方で「いつメンバーチェンジされるか分からず、びくびくしていた」側面もあった。

37 発注元の出版社が単年度契約に切り替えたのに合わせて、プロダクションも同様の契約書を取入れたようだが、それは出版社がフリーランスの「偽装請負」性、それに伴う直接雇用の問題を回避するためにとった措置であったと考えられる。

38 契約期間が1年となっただけではなく、契約期間中であっても解約できる条件が明記されて、以前はなかった損害賠償についての条項もあるからである。

39 同チーフは出版社と直接業務委託契約を締結している。なぜ、同フリーランスのチーフが事例2さんの上司として配属されたのかは分からないが、フリーランスの「偽装請負」

性、それに伴う直接雇用の問題を回避するためにとった措置ではないかと疑われても仕方ない。

40 支配人、副支配人両氏へのヒアリング調査は、2020年10月22日行った。長時間にわたり、資料を交えて大変な経験をご丁寧にお話頂いたことに対し、この場を借りて心より感謝申し上げる。発言はそれぞれして頂いたが、一体的な働きであったので、区別しないで引用した。

41 個人事業店だけに使える電子マネーをつくって、全国共通に使えるようにすることを目指すなどのアイデア。

42 事例３さんが独自に開発した「電子マネー・商品券の決済」に利用できる登録商標であり、Coupon De Kauからの由来表記である。

43 同ホテルは、1990年代後半設立して「ビジネスホテルの素泊まり宿泊料が8000円くらいであったが、同ホテルでは4980円にして、無料の朝食をつけること」を目指してホテル経営を進めた。その結果、ホテル店舗を急拡大して2021年現在170店舗弱にのぼる。店舗の多くは支配人・副支配人への「業務委託契約」によって運営されている。以下、基本的に「同ホテル」、あるいは「ホテル本部」または「本社」と表する。なお、2018年現在、直営は7店舗に過ぎず、業務委託が103店舗と後者が圧倒的に多い。

44 ①4年でお二人、4,650万円以上、②ホテル経営力が必ず身につく＋家賃光熱費0円、③4年間で3,000万円貯蓄して、夢を叶える人続出と書いてあった。

45 同ホテルの既載サイトには、「仕事を始めるにあたり、不安な点がいくつもあると思いますが、安心してください。店舗の開始・経営するのに必要な個人負担の費用はありません！生活に必要な家賃、水道光熱費や、経営に必要なアウトソーシング費、営業・イベント費用・アルバイト採用費用など基本的なところはホテル側が負担いたします！」と書いてあった。

46 2018年4月19日。

47 研修費から食事費などをまかなうことになる。

48 事例3さんが運営していたホテルを、会社のホテルと区別するために、基本的に「店舗」または「ホテル店舗」と表する。

49 「契約期間が4年であるが、その期間中、他の店舗への異動がある」ことが「支配人・副支配人の業務委託契約にあたって」に書いてある。

50 ［育成マニュアル］、「営業マニュアル」、「トラブル対応マニュアル」、「点検マニュアル」、「朝食サービスマニュアル」、「緊急事態対処マニュアル」、「身だしなみマニュアル」等がある。

51 そのほか、払わなければならないのは、1年間に東京都の事業税16万円、国税30万円台、合わせて50万円ぐらいの税金である。また、税理士と社労士に顧問料として毎月2万5000円、計5万円がかかる。

52 契約書では、ホテル本部は、事例3さんが「本契約または業務要項に定める事項に従わないとき、または評価基準を満たすことが出来ず、かつ、評価基準を満たすように是正を求めたにも関わらず是正されないとき、委託業務に関する成績・評価が、業務要項を満たさないとき」などは契約の全部または一部を解除することができると定められており、それに基づく債務不履行の主張であると見られる。

〔参考文献〕

内閣官房、公正取引委員会、中小企業庁、厚生労働省（2021）「フリーランスとして安心して働ける環境を整備するためのガイドライン」。
内閣官房日本経済再生総合事務局（2020）「フリーランス実態調査結果」。
内閣府政策統括官（2020）「要旨　日本のフリーランスについて」。
労働省（1985）「労働基準法研究会報告（労働基準法の「労働者」の判断基準について）」。

日本労働社会学会年報第35号〔2024年〕

ふたり親子育て世帯の生活構造の変化と女性の就業

蓑輪　明子
（名城大学）

はじめに

周知のように、高度成長期から低成長期にかけての企業社会では日本型雇用の中に位置づく男性が一家の稼ぎ手の中心となり、妻は家事役割または家計補助的な就労を行う性別役割分業家族（近代家族モデル）が標準的な家族のかたちとして機能してきた。こうした近代家族モデルは現実には日本型雇用が保障された一部の大企業男性労働者家族において具体化しただけで、多くの労働者家族でそれが実現したわけではなかったが［後藤 2001］、日本では男性労働者が一家の稼ぎ手である労働者であり、女性は雇用労働をしていたとしてもケアの担い手でもあるとする家族のあり方があるべき生活標準と観念され、社会的慣行や生活保障システムを形作ってきた［中西 1997］。

しかし、1990年代後半以後、近代家族モデルを前提とした働き方に変化をもたらす動きが生じる。その動きとは、①新自由主義・グローバリゼーションの影響の中で、日本型雇用が動揺ないしは解体し、男性稼ぎ手モデルが脆弱化したこと、②同時期に少子高齢化が進展し、企業の女性の労働力需要が高まり、女性の雇用労働者化が進んだこと、③1990年代後半以後、ジェンダー差別に反対する社会的運動とその動きに呼応して法規制（男女雇用機会均等法改正、男女共同参画法等）が整備されたことなどである。

こうした動きは女性の雇用労働者化と家族の生活標準に変化をもたらす要因ではあるものの、それが近代家族モデルを前提とする生活標準を根本的に変化させているかどうかについてはさまざまな評価があり、現在においてなお、男性稼ぎ手家族モデルからの転換は行われていないとの指摘もある。特に税と社会保障の体系は男性稼ぎ手モデルから転換できておらず、女性の貧困など社会的に生じている問題への対応を損ねているとの厳しい批判もある［大沢 2014］。また、長時間労働の標準化、女性労働者に対する差別的処遇、家族における性別役割分業の強固さなど［杉浦 2009］も、生活標準の近代家族モデルからの転換が生じていないとする根拠となっている。また、独身・単身女性が貧困に陥りやすいことも近代家族モデルを前提とした生活標準の証左だと指摘されてきた［小杉ほか 2017］［飯島 2016］。

確かに、現在においても男性稼ぎ手モデルを前提とする制度・慣習は根強く存在しており、その現状に対する批判はきわめて重要な論点である。他方で、子育て世帯の働き方や家族の所得構造の実態という視点で見るならば、90年代後半から2010年代前半にかけて、ふたり親と子どもの世帯において、夫の低所得化と妻の就労が進んでおり、妻の就労による稼得が家計の不可欠な柱となる多就業家族化が進み、従来とは異なる状況が生まれていたが、その全体像それ自体は必ずしも記述されてこなかった。著者はかつて2010年代前半までの労働市場の状況をふまえ、家族の多就業化の状況を明らかにしたことがあるが［蓑輪 2013］、その際の問題意識は、新自由主義・グローバリゼーションの下での男性の所得抑制・貧困化に伴い、家族が就労することで男性稼得の抑制をカバーする多就業家族化が進んでいるというものであった。主婦パートのように所得が少ない場合でも女性の所得は家計に不可欠な収入となっており、多就業・共働き家族形成による生活防衛が標準化される新しい家族主義に転換しているのではないかという問題意識である。

この論稿は1990年代後半から2010年代前半までの労働市場の変化を捉えたものであったが、その後、子育て世帯の女性の労働力化がさらに進展し、多就業・共働き家族による世帯形成が一般的となると共に、女性の正規雇用労働者比率が増加するなど、当時になかった状況が生じている。また、実質賃金が低下・停滞する一方で、後にみるように小さい年齢の子どもがいるふたり親の子育て世帯の世帯所得の改善といった現象も生じている。その結果、男性所得の抑制による生活防衛としての多就業化とは異なる共働き世帯の形成とは違った面も出てきているように思われる。

そこで本稿では、2000年代、2010年代を経た女性や子育て世帯の所得や働き方の変化をふまえて、改めてふたり親の子育て世帯の所得状況と働き方のありようを検討してみたい。提示したい結論は、1）この期間を通じて子育て世代の多就業・共働き化がさらに進展していること、2）小さい子どものいる子育て世帯では所得状況が改善しているが、子どもが大きくなるほど、改善の度合いは弱まること、3）子育て世帯のこうした所得状況の動向は、妻無業世帯の減少、および父親と母親両方の所得状況が反映していることである。

以下では、第1節で近年の女性労働者の状況、特に子育て世代の女性労働力の特徴を分析した上で、第2節で、ふたり親子育て世帯の世帯所得の状況を明らかにする。第3節ではふたり親子育て世帯の世帯所得の変化と妻の就労との関連、第4節ではふたり親子育て世帯の父親および母親の所得状況の変化について分析していく。なお、子育て世帯の所得と母親の就業という点では、ひとり親世帯の分析も不可欠であるが、紙幅の関係で割愛せざるを得なかった。なお、本稿は2023年10月に行われた労働社会学会共通論題での報告内容の一部を討論の結果を受けて、一部修正したものである。

1. 女性就業者および子育て世代の母親就業の増加

では最初に2000年代、2010年代を通じた女性労働者と子育て世帯の女性の就業動向を確認しておこう。

女性就業者とふたり親世帯の母親就業の増加

この時期には就業者総数および女性の就業者数も増加し、就業者に占める女性の割合も増加した。就業者総数は2000年の6446万人から2023年の6747万人と449万人増加し、そのうち女性の就業者は2629万人から3051万人と422万人増加している。就業者全増加数の88.0％を女性が占めており、この間の就業者数ののびのほとんどを女性が占めていることがわかる。その結果、就業者総数のうち女性が占める割合は2000年の40.8％から45.2％へと、4.4ポイント増加している

(労働力調査)。

こうした中で、女性は世代を問わず就労するようになっている。子育て世代についていえば、子育て世代の労働力率が低下するいわゆるM字型雇用といわれる現象がかなりの程度、修正されている。この点をみたものが、**図1**である。

	25〜29歳	30〜34歳	35〜39歳	40〜44歳	45〜49歳	50〜54歳	55〜59歳	60〜64歳	65〜69歳
2000年・女性	65.0	53.7	58.9	67.3	69.8	66.1	56.7	37.8	25.1
2010年・女性	72.2	64.3	62.6	68.3	72.7	70.2	61.2	44.2	26.9
2023年・女性	84.7	80.1	78.1	80.5	81.7	79.0	74.7	63.8	43.1
2023年・男性	90.0	92.4	93.6	93.7	93.8	92.8	91.5	84.4	61.6

図1　年齢別・性別就業率　推移

単位：%。「労働力調査」各年より作成

図1は年齢別に女性の就業率の推移を示したものである。2000年の段階でも、出産・子育て期にあたる30代女性の就業率は他の世代に比べて低く、30〜34歳が53.7%、35〜39歳で58.9%であった。しかし、2000年代を通じ、この世代の女性就業率は上昇し、2023年には30〜34歳が80.1%、35〜39歳で78.1%となり、それぞれ26.4ポイント、19.2ポイント増加した。総じて、出産・子育て世代の女性就業率はわずかに低下するものの、他世代に比して大幅に低い状況ではなくなっている。但し、男性は60歳以下のすべての世代で90%を超える就業率となっており、男女の就業率の差は存在している（労働力調査）。

上記の女性就業者には未婚者や結婚しても子どもをもたない就業者も含まれているが、子どもをもつ世帯の母親に限ってみても、この時期、就業率は大幅に上昇している。この点を子どもの年齢別に確認できるのが、**図2**である。

図2は夫婦・子からなる世帯の母親の有業率を末子年齢別に示したものである。末子3歳未満の子どもがいるふたり親世帯の母親については、2002年の段階でも有業率は27.6%にすぎなかったが、2022年には67.4%まで上昇し、有業者が39.8ポイントも増加している。また、末子3〜5歳の子どもがいるふたり親世帯の母親の有業率は43.4%から72.5%となり、29.1ポイント上昇した。子どもが就学する以降の母親の就業率も上昇し、末子6〜12歳と末子12〜17歳のふたり親

世帯の母親の有業率はそれぞれ58.8%から77.2%（18.4ポイント増）、69.7%から80.6%（10.9ポイント増）へと上昇している。

		末子3歳児未満の世帯	末子3〜5歳未満の世帯	末子6〜11歳未満の世帯	末子12〜17歳の世帯	末子18歳以上(在学者)の世帯
2002年	夫婦・子からなる世帯	27.6	43.4	58.8	69.7	63.1
2012年	夫婦・子からなる世帯	41.5	54.6	64.7	73.3	70.5
2022年	夫婦・子からなる世帯	67.4	72.5	77.2	80.6	77.9

図2　夫婦・子からなる世帯の末子年齢別母親有業率の推移

単位：%。「就業構造基本調査」各年より作成

総じて、現在では母親の就労という面だけで見ると、子どもが未就学の場合でも7割近い女性が就労するようになる一方、子どもが就学期に入ると女性の平均的なレベルまで就業率は上昇し、子どもの有無にかかわらず、女性が就労するようになっている。

女性就業者・子育てする母親の正規雇用の増加

もうひとつ、この間の女性就業者の変化として注目されるのは、2010年代半ば頃から女性の正規雇用労働者の比率が増加し、子育て世代および子育てする夫婦世帯の母親でも正規雇用比率が上昇している点である。

まず女性全体の正規雇用比率の動向を確認しておきたい。**グラフ1**は女性雇用者の年齢別正規雇用労働者割合の推移を示したものである。

2000年代初頭から2010年代半ばにかけては、正規雇用労働者の割合が減少した労働市場一般の動向と同様、女性の正規雇用労働者もその割合を低下させ、女性全体で2002年の50.7%から2014年には43.3%と、7.4ポイント正規雇用比率が減少していた。子育て世代にあたる年齢層でも傾向は同じで、2002年から2014年にかけて、25〜34歳では63.3%から57.9%（5.4ポイント減）、35〜44歳では47.4%から44.6%（2.8ポイント減）、45〜54歳では45.3%から40.2%（5.1ポイント減）へと、正規雇用の比率が減少していた。

ところが正規雇用比率が最も低い底とも言える2014年をすぎると、正規雇用

グラフ1　女性雇用者　年齢別正規雇用比率の推移

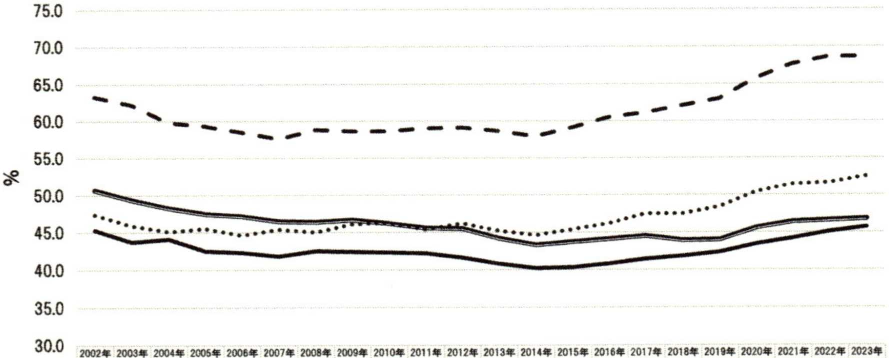

	2002年	2003年	2004年	2005年	2006年	2007年	2008年	2009年	2010年	2011年	2012年
女性全体	50.7	49.4	48.3	47.5	47.2	46.5	46.4	46.7	46.2	45.6	45.5
25～34歳	63.3	62.2	59.8	59.3	58.5	57.6	58.8	58.6	58.6	59	59.1
35～44歳	47.4	45.9	45.1	45.5	44.6	45.4	45.0	46.1	46.3	45.4	46.2
45～54歳	45.3	43.7	44.1	42.5	42.3	41.8	42.5	42.4	42.3	42.2	41.6

	2013年	2014年	2015年	2016年	2017年	2018年	2019年	2020年	2021年	2022年	2023年
女性全体	44.2	43.3	43.7	44.1	44.5	43.9	44.0	45.6	46.4	46.6	46.8
25～34歳	58.6	57.9	59.1	60.5	61.1	62.1	63	65.7	67.6	68.6	68.6
35～44歳	45.2	44.6	45.4	46.2	47.5	47.5	48.4	50.4	51.4	51.6	52.5
45～54歳	40.8	40.2	40.3	40.8	41.4	41.8	42.3	43.4	44.2	45.1	45.7

労働力調査　各年より作成

比率は再び上昇し始め、2023年には女性雇用者全体では46.8％（2014年から2023年にかけて、3.5ポイント増）となり、現在でも女性雇用者全体では2002年の正規雇用比率までには回復していないとはいえ、その比率を増加させている。

特に子育て世代にあたる年齢層での正規雇用比率ののびは大きく、2023年には25～34歳で68.6％（2014年から2023年にかけて、10.7ポイント増）、35～44歳で52.5％（同、7.6ポイント増）となっており、2002年当時よりも正規雇用ではたらく女性の比率が増加している。

ただし、45～54歳の女性については、2023年でも45.7％で、2014年から2023年にかけてののびは5.5ポイントにとどまっている。年齢が高くなるほど正規雇用の増加幅は小さくなっており、雇用形態の改善が中高年女性に及びづらい実態にある。

この点に関わって指摘しておきたいのは、女性の正規雇用者比率の増加は未婚女性の増加のみならず、既婚女性の正規雇用比率の増加によってもたらされているものの、45～54歳にあたる世代に限っては既婚女性の正規雇用比率上昇は見られない点である。

図3は「就業構造基本調査」を用いて算出した、2007年、2012年、2022年の

	女性全体			25〜34歳			35〜44歳			45〜54歳		
	2007年	2012年	2022年	2007年	2012年	2022年	2007年	2012年	2022年	2007年	2012年	2022年
正規雇用比率	43.0%	41.1%	45.3%	55.9%	56.3%	68.4%	42.1%	43.0%	51.1%	39.1%	38.0%	43.2%
2007年→2022年正規雇用変化	2.2%			12.5%			8.9%			4.2%		
既婚女性の寄与度	1.5%			8.7%			5.8%			-2.2%		
未婚女性の寄与度	0.7%			3.9%			3.1%			6.4%		

図3　女性有業者に対する年齢階層別正規雇用比率の変化と既婚・未婚の寄与度

就業構造基本調査　各年より作成

端数処理の関係で合計は一致しないことがある。以下、全図で同様。

各年における女性有業者に対する正規雇用比率の年齢別推移である。この調査によれば、女性有業者全体では2007年から2022年にかけて、正規雇用者が43%から45.3%と、2.3ポイント増加しており、特に25〜34歳では55.9%から68.4%、35〜44歳では42.1%から51.5%、45〜54歳でも39.1%から43.2%と、それぞれ12.5ポイント、8.9ポイント、4.2ポイントとすべての世代で増加している。

正規雇用比率の増加に対する既婚女性と未婚女性それぞれの寄与度を見てみると、既婚女性の寄与度が高く、女性全体では1.5%、25〜34歳では8.7%、35〜44歳では5.8%と、未婚女性の寄与度を上回っている。ところが、45〜54歳に限ってみると、正規雇用の未婚女性の寄与度は6.4%であるのに対して、正規雇用の既婚女性の比率は2.2%減とマイナスの寄与を示しており、他の世代とは対称的に、この世代について言えば、既婚女性が女性正規雇用ののびを抑制しているのである。

とはいえ、正規雇用者比率の増加は、子育てする夫婦世帯のはたらく母親にも及んでいる。**図4**は、末子年齢別に夫婦・子からなる世帯の有業の母親について、正規雇用の比率の推移を示したものである。

2000年代、2010年代を通じて、子育て中の母親の正規雇用比率は上昇しており、夫婦・子からなる世帯の有業の母親のうち、2002年には31.8%だった正規雇用比率が2022年には37.3%と、5.5ポイント増加している。特に年齢の低い子どもを育てる母親の正規雇用比率が高く、夫婦・子世帯の母親のうち、末子3歳

	全体	末子3歳未満	末子3～5歳	末子6～11歳	末子12～17歳	末子18歳以上（在学）
2002年	31.8%	56.7%	34.7%	25.7%	28.0%	29.6%
2012年	31.6%	58.3%	36.5%	26.0%	26.0%	27.6%
2022年	37.3%	67.1%	46.6%	34.5%	32.0%	29.3%

図4　夫婦・子からなる世帯・末子年齢別母有業者に帯する正規雇用割合推移

「就業構造基本調査」各年より作成

未満の子のいる世帯の母親は2002年には56.7%が正規雇用であったが、2022年には正規雇用の比率が67.1%と、10.4ポイント増加している。末子3～5歳の子どものいる世帯の母親では34.7%から46.6%（11.9ポイント増)、末子6～11歳では25.7%から34.5%（8.8ポイント増)、末子12～17歳では28%から32%（4.0ポイント増）と、それぞれ正規雇用の比率が増加している。

ただし、末子18歳以上（在学）の子どもがいる世帯の母親では、正規雇用比率が29.6%から29.3%へと、0.3ポイントだが微減し、正規雇用の増加による雇用改善という傾向はほぼ見られない。年齢の高い世代では正規雇用の増加が未婚女性にとどまり、既婚女性の正規雇用比率が減少していることの反映と考えられよう。

以上のように、2000年代、2010年代を経て、女性就業は一貫して増加し、それまで立ち遅れていた低年齢児童を育てる母親も含めて、女性の就業化が進展した。また、2010年代半ばからは、中高年層以外において女性の正規雇用比率が増加している。

2. ふたり親の子育て世帯の所得状況の状況

次に、ふたり親で子育てする世帯所得状況の推移を見ていこう。図5は夫婦・子からなる世帯の世帯所得のうち、世帯所得400万円未満、世帯所得800万円以上の世帯の割合について、末子年齢別に2000年代初頭から2020年代初頭の変化をみたものである。

世帯所得の状況を説明する前に、本稿での物価変動の扱いについて確認をしておきたい。本稿が分析対象としている期間は周知のように物価変動が大きく、世帯の所得状況の経年的な変化を把握するためには、物価変動を反映させた所得の実質値による分析が好ましい。例えば、ここで用いる「就業構造基本調査」の場合、本来であれば、調査個票に記載された個人や世帯の所得から実質所得を算出し、結果を集計し直す方法がより正確だと思われる。しかし現状ではその作業は困難であった。そこで本論では、**図5－1**下欄にある方法で、物価上昇による実質所得の変動を加味した各所得階層の割合を算出している。図表にある「物価調整前」の結果は「就業構造基本調査」に掲載された数値をそのまま用いて作成した結果であり、「物価調整後」の結果は図5－1下欄にある方法で算出した、物価調整後の結果である。そのため「物価調整後」と記載されたデータはあくまでも参考値となる。

では、ふたり親で子どもを育てる世帯の世帯所得の動向を見ていこう。世帯所得400万円未満の世帯を仮に低所得世帯、世帯所得800万円以上を高所得世帯と考えて検討する。

ふたり親子育て世帯の低所得層の動向

低所得世帯については、特に小さい子どもをもつふたり親世帯の中でその割合を減少させる傾向にある。図5にある通り、夫婦・子からなる世帯のうち、世帯所得400万円以下の世帯の割合は2002年の17.6%から2022年の12.4%へと、5.3ポイント減少している。所得の実質値を加味した物価調整後の参考値では減少幅は小さくなり、2022年には15.5%と、2.1ポイント減となっている。

子どもの年齢別に見てみると、世帯所得400万円未満の世帯が明確に減少しているのは、子どもの年齢が若い世帯であり、子どもの年齢があがるにつれて減少幅は小さくなっている。夫婦・子からなる世帯で末子が5歳以下である世帯では世帯年収400万円未満の世帯割合が26.4%から9.9%（2022年物価調整後参考値で13.9%、以下、物価調整後と表記）となり、16.4（同12.4）ポイントも減少している。末子6～11歳以下の子がいる世帯では末子5歳以下世帯よりも減少幅が小さいものの、世帯年収400万円未満の世帯割合が14.6%から8.3%（同11.4%）と、6.3（同3.2）ポイント減となっている。末子12～17歳の世帯も11.3%から

世帯所得400万円未満世帯		夫婦・子からなる世帯全体	末子5歳以下	末子6～11歳	末子12～17歳	末子18歳以上（在学者）
2002年		17.6%	26.4%	14.6%	11.3%	8.8%
うち妻有業世帯		6.3%	6.7%	8.0%	6.9%	4.7%
うち妻無業世帯		11.4%	19.7%	6.6%	4.4%	4.1%
物価調整前	2012年	19.9%	25.4%	15.9%	12.8%	10.7%
	うち妻有業世帯	7.7%	8.6%	9.5%	8.1%	6.3%
	うち妻無業世帯	12.2%	16.8%	6.4%	4.7%	4.4%
	2022年	12.4%	9.9%	8.3%	7%	7.8%
	うち妻有業世帯	4.8%	5.0%	5.5%	4.7%	4.6%
	うち妻無業世帯	7.5%	4.9%	2.8%	2.4%	3.1%
	2002→2022年変化	-5.3	-16.4	-6.3	-4.2	-1
	妻有業世帯寄与度	-1.4	-1.7	-2.6	-2.2	-0.1
	妻無業世帯寄与度	-3.8	-14.7	-3.8	-2.0	-0.9
物価調整後参考値	2012年	19.3%	24.6%	15.4%	12.5%	10.4%
	うち妻有業世帯	7.5%	8.3%	9.2%	7.9%	6.1%
	うち妻無業世帯	11.9%	16.3%	6.2%	4.6%	4.3%
	2022年	15.5%	13.9%	11.4%	9.5%	9.6%
	うち妻有業世帯	6.5%	7.3%	7.6%	6.5%	5.9%
	うち妻無業世帯	9.0%	6.7%	3.8%	2.9%	3.7%
	2002→2022年	2.1	-12.4	-3.2	-1.8	0.8
	妻有業世帯寄与度	-0.3	0.6	-0.4	-0.4	1.1
	妻無業世帯寄与度	2.3	-13.0	-2.8	-1.5	-0.3

図5－1 夫婦・子からなる世帯 末子年齢別 低所得世帯所得分布推移

「就業構造基本調査」各年より作成

「物価調整後」とは下記の方法により、物価動向を反映させた各階層の世帯所得割合である。調整は後藤道夫氏に教示を受け、氏とほぼ同様の方法にて、下記のように行った

1）総務省「消費者物価指数」に記載されている2020年を100とする物価デフレーター（家賃を除く帰属）を用い、2002年を起点とした物価デフレーター（2012年は98.7、2022年は108.6）を作成。
2）1）に基づき、各年の所得階層額について、物価動向を反映させた所得区分を作成。
3）就業構造基本調査の集計表の各所得階層内においては世帯が均等に分布していると仮定し、物価変動を反映させると所得階層が移動すると推定される世帯数を算出。
4）上下の所得階層に3）の世帯数を移動させ、物価反映後の各所得階層の世帯数を推計した上で、各所得階層の世帯割合を算出。

7%（同9.5%）と、4.2（同1.8）ポイント減少しており、さらに減少幅は小さくなっている。末子18歳以上の在学者がいる世帯では、2002年には8.8%であった世帯所得400万円未満の世帯割合は2022年でも7.8%と1ポイントしか減少して

世帯所得800万円以上世帯		夫婦・子からなる世帯全体	末子5歳以下	末子6～11歳	末子12～17歳	末子18歳以上（在学者）
	2002年	34.5%	16%	30.1%	43.4%	59%
	うち妻有業世帯	21.5%	8.8%	18.3%	31.2%	37.9%
	うち妻無業世帯	13.1%	7.2%	11.8%	12.3%	21.1%
物価調整前	2012年	29.8%	18.2%	30.4%	38.8%	51.6%
	うち妻有業世帯	20.0%	12.3%	18.8%	29.4%	37.7%
	うち妻無業世帯	9.8%	5.9%	9.4%	9.4%	13.9%
	2022年	42.2%	36.4%	43.3%	51.9%	59.8%
	うち妻有業世帯	32.7%	30.1%	35.0%	43.2%	49.2%
	うち妻無業世帯	9.5%	6.3%	8.2%	8.7%	10.6%
	2002→2022年	7.7	20.4	13.1	8.5	0.7
	妻有業世帯寄与度	11.2	21.3	16.7	12.0	11.3
	妻無業世帯寄与度	-3.5	-0.9	-3.6	-3.6	-10.6
物価調整後参考値	2012年	30.8%	19.1%	29.2%	40%	52.6%
	うち妻有業世帯	20.6%	12.8%	19.5%	30.3%	38.4%
	うち妻無業世帯	10.2%	6.2%	9.8%	9.7%	14.2%
	2022年	35.4%	29%	36%	43.6%	52.8%
	うち妻有業世帯	27.6%	24.2%	29.2%	36.3%	43.5%
	うち妻無業世帯	7.8%	4.8%	6.7%	7.3%	9.3%
	2002→2022年	0.9	13.0	5.8	0.2	-6.2
	妻有業世帯寄与度	6.1	15.3	10.9	5.1	5.6
	妻無業世帯寄与度	-5.2	-2.3	-5.1	-4.9	-11.8

図5－2　夫婦・子からなる世帯　末子年齢別　高所得世帯所得分布推移

「就業構造基本調査」各年より作成

おらず、物価調整後の参考値では2022年で世帯所得400万未満の世帯割合は9.6％となり、低所得世帯の割合がむしろ0.8ポイント、増加している。

ふたり親子育て世帯の高所得層の動向

他方、高所得世帯については、名目値ではその割合を増加させる傾向にある（**図5－2**）。夫婦・子からなる世帯のうち、2002年には34.5％であった世帯所得800万円以上世帯の割合は、2022年には42.2％と、7.7ポイント増加させている。とはいえ、物価調整後の参考値は物価調整後35.4％で、0.9ポイントの上昇にとどまるから、物価上昇による購買力低下を加味すれば高所得世帯の増加はそれほど大きくない。

子どもの年齢別に見てみると、年齢が低い子どもがいる世帯ほど世帯所得800万円以上世帯が増加しているが、子どもの年齢があがるにつれて増加幅は小さくなっている。末子5歳以下の子どものいる世帯では世帯所得800万円以上世帯の割合が16％から36.4％（物価調整後29％）、末子6～11歳の子どものいる世帯で30.1％から43.3％（同36％）、末子12～17歳の子どものいる世帯で43.4％から51.9％（同43.6％）、増加している。増加幅は、それぞれ20.4（同13）ポイント、13.1（同5.8）ポイント、8.5（同0.2）ポイントとなっており、子どもが大きくなるにつれ、高所得世帯割合の増加幅は小さくなる。

こうした傾向とは異なった動向を示しているのが、末子18歳以上の在学者がいる夫婦・子からなる世帯である。2012年には同世帯のうち、59％が世帯所得800万円以上の世帯であったが、2022年には59.8％（物価調整後52.8％）となり、同世帯所得の割合は0.7ポイントの増加にとどまっている。物価調整後の参考値でみると、6.2ポイントの減少となり、実質的には高所得世帯が減少していることがわかる。

総じて、ふたり親・子育て世帯では、低所得世帯の減少・高所得世帯の増加というかたちでの世帯所得の改善が生じているが、物価上昇を加味すると、改善の程度は小さい。また、子どもの年齢別に見ると、小さい子どものいる世帯ほど、低所得世帯の減少、高所得世帯の増加が実質賃金レベルでも生じている一方、子どもの年齢が高い世帯ほどこの動きが緩慢で、18歳以上（在学生）のいる世帯については低所得世帯の増加、高所得世帯の微増（実質的には減少）と、逆の動きが見られることがわかる。

3. ふたり親の子育て世帯の共働き・多就業化と世帯所得の変化

こうしたふたり親の子育て世帯の所得状況の背景は何であろうか。この節では世帯の所得状況の変化に対する妻無業世帯と妻有業世帯それぞれの寄与度を分析することで、母親の就業動向の視点から世帯所得の変化を分析してみたい。

低所得層の動向に対する妻有業世帯・無業世帯の寄与

まず、ふたり親子育て世帯の低所得層の動向に対する、妻有業・無業世帯の寄与度をみていこう。結論をあらかじめ提示するならば、2002年から2022年にかけて、夫婦・子からなる世帯で世帯所得400万円未満世帯の割合が減少しているが、妻有業・妻無業の低所得世帯はともに減少している。しかし妻無業の低所得世帯の方が減少幅が大きく、減少に与える影響も大きい。

先にあげた図5にあるように、夫婦・子からなる世帯全体でみると、世帯所得400万円未満の世帯の割合は5.3（2.1）ポイント減少したが、この変化に対する妻有業世帯の寄与度はマイナス1.4（0.3）ポイント、妻無業世帯の寄与度はマイナス3.8（2.3）ポイントであった。ふたり親・低所得世帯の減少は、妻無業である低所得世帯の減少による影響が大きいことがわかる。

子どもの年齢別にみてみると、末子5歳以下の子どものいる世帯では、世帯所得400万円未満世帯の減少幅16.4（物価調整後、12.4）ポイントに対して、妻無業世帯の寄与度はマイナス14.7（同13）ポイント、妻有業世帯の寄与度はマイナス1.7（同0.6）ポイントと、やはり妻無業である低所得世帯割合の減少の影響がかなり大きくなっている。末子6～11歳の世帯では低所得世帯が6.3（同3.2）ポイント減少したが、妻が有業である世帯の寄与度は2.6（同0.4）ポイント、無業である世帯の寄与度が3.8（2.8）ポイントであり、この年齢層では妻無業世帯の寄与度が極端に高いわけではない。

末子18歳以上（在学者）がいる世帯については、先に見たように世帯所得400万未満の割合の減少自体がわずかで、実質値で見ると逆にわずかに増加している。実質値での低所得層の増加に際して、妻有業世帯の寄与度が1.1になっており、主に妻有業世帯で低所得層が増えていることがわかる。

高所得世帯の動向に対する妻有業世帯・無業世帯の寄与度

次に、夫婦・子からなる世帯における世帯所得800円万以上世帯についてみていこう（**図5－2**）。世帯年収800万円以上の夫婦・子からなる世帯の増加は、主に妻が有業である高所得世帯割合の増加によって生じている。ただし、夫婦・子からなる世帯全体に対する妻無業の高所得世帯の割合は減少しているが、妻が有業である高所得世帯がそれを上回って大幅に増加することで、全体として世帯所得800万円以上の世帯割合が増加しているという特徴的な変化となっている。

2002年から2022年にかけて、夫婦・子からなる世帯全体の中で世帯所得800万円以上の世帯の割合は7.7（物価調整後0.9）ポイント増加したが、この変化に対して妻が有業である世帯の寄与度はプラス11.2（同6.1）ポイントである一方、妻がある無業者の寄与度はマイナス3.5（同5.2）ポイントとなっている。妻が無業である高所得世帯の割合が減少しているにもかかわらず、妻が有業である高所得世帯の割合が大幅に増加することで、夫婦子からなる世帯の高所得世帯割合が増えたことがわかる。

末子年齢別でみても、ほぼ同じ傾向で、末子5歳以下の子どものいる世帯では、世帯所得800万円以上世帯が20.4（物価調整後13）ポイント上昇したが、そのうち妻が有業である世帯の寄与度は21．3（同15．3）ポイント、妻が無業である世帯の寄与度はマイナス0.9（同2.3）ポイントとなっている。末子年齢6～11歳世帯では世帯所得800万以上世帯が13.1（同5.8）ポイント上昇し、そのうち妻有業世帯の寄与度がプラス16.7（同10.9）ポイント、妻無業世帯はマイナス3.6（同5.1）ポイントであった。いずれも妻が無業である高所得世帯の割合が減少しているにもかかわらず、妻が有業である高所得世帯の割合が大幅に増加し、それぞれの高所得世帯の割合が増えている。

子どもの年齢があがると、高所得世帯割合の増加幅は若干、低くなり、末子年齢12～17歳世帯では世帯所得800万以上世帯が8.5（同0.2）ポイント上昇であったが、そのうち妻有業世帯の寄与度は12（同5.1）ポイント増、妻無業世帯の寄与度はマイナス3.6（4.9）ポイントとなっている。末子年齢12～17歳世帯では物価上昇を加味すると、世帯所得800万円以上世帯の増加幅はほとんどないものの、妻有業世帯の高所得世帯割合が増加し、妻無業の高所得世帯割合が減少するのは未就学、小学生世代の子のいるふたり親世帯と共通している。

末子年齢18歳（在学者）のいる世帯については、世帯所得800万以上世帯が0.7ポイントしか増えていないが、そのうち妻有業世帯の寄与度は11.3ポイント、妻無業世帯の寄与度はマイナス10.6ポイントとなっており、妻無業世帯の高所得層が減り、妻有業世帯の高所得が増えるという動向になっている。物価上昇を加味した参考値でみると、世帯所得800万円以上の世帯割合は6.2ポイント減少しているが、ここでも妻有業の世帯所得800万円以上の世帯割合は5.6ポイント増加し、妻無業の世帯所得800万円以上の世帯割合は11.8ポイント減少している。

世帯所得400万円未満世帯		夫婦・子からなる世帯全体	末子5歳以下	末子6～11歳	末子12～17歳	末子18歳以上（在学者）
物価調整前	2002→2022年変化	-5.3%	-16.4%	-6.3%	-4.2%	-1.0%
	妻有業者	-1.4%	-1.7%	-2.6%	-2.2%	-0.1%
	妻無業者	-3.8%	-14.7%	-3.8%	-2.0%	-0.9%
物価調整後	2002→2022年変化	2.1%	12.4%	3.2%	1.8%	-0.8%
	妻有業者	-0.3%	-0.6%	0.4%	0.4%	-1.1%
	妻無業者	2.3%	13.0%	2.8%	1.5%	0.3%

世帯所得800万円以上世帯		夫婦・子からなる世帯全体	末子5歳以下	末子6～11歳	末子12～17歳	末子18歳以上（在学者）
物価調整前	2002→2022年変化	7.7%	20.4%	13.1%	8.5%	0.7%
	妻有業者	11.2%	21.3%	16.7%	12.0%	11.3%
	妻無業者	-3.5%	-0.9%	-3.6%	-3.6%	-10.6%
物価調整後	2002→2022年変化	0.9%	13.0%	5.8%	0.2%	-6.2%
	妻有業者	6.1%	15.3%	10.9%	5.1%	5.6%
	妻無業者	-5.2%	-2.3%	-5.1%	-4.9%	-11.8%

図6　夫婦・子からなる世帯　末子年齢別
世帯所得400万未満世帯・800万以上世帯　増減寄与度

当該年の各家族類型に属する世帯総数に対する割合の変化に対する寄与度である。

就業構造基本調査より作成

以上の結果の中でも注目されるのは、第一に低所得子育て世帯の中で、妻が有業である世帯も減少しているものの、より減少幅が大きいのは妻が無業である低所得世帯だという点である。その結果、以前に比較すると、低所得世帯の中での妻無業世帯の割合は下がっている。周燕飛は夫所得が低下し、妻の所得が得られない世帯が増えていることを指摘し、「貧困専業主婦」と名づけたが［周 2019］、母親の就業率が極端に低かった低年齢児のいるふたり親世帯で、母親の就業率が上昇し、こうした貧困専業主婦世帯の多少、解消されていると考えられる。低所得子育て世帯は末子年齢18歳以上（在学）世帯を除いて減少ないしは微減傾向にあるが、その中で妻無業世帯の比率は依然として高いものの、子どもが小さい世帯を中心に妻有業の低所得世帯の割合は増える傾向にある。

第二に、妻が無業である低所得世帯の減少幅は子どもの年齢が高い世帯ほど弱く、子どもの年齢が高い世帯では低所得世帯の割合減少の動きが緩慢となっている点である。結果として、子どもの年齢が大きい世帯ほど世帯所得の改善から取り残されている。子どもの年齢が高い世帯ではもともと妻の有業率が高かったため、この期間の妻無業世帯の減少幅が小さく、妻無業の低所得世帯の減少も少なかったことが反映していると考えられる。

第三に、高所得子育て世帯については、妻が無業である高所得世帯が減っているにも関わらず、妻が有業である高所得世帯が大きく増加し、子育て世代全体で高所得層が増加しているという点である。この傾向は18歳以上の子ども（在学者）の世帯を除いては末子年齢がどの年齢層の世帯であっても共通しており、子育て世帯の高所得層は妻有業世帯が標準であると言える状況となっている。

4. 子育て世帯の所得改善に対する親の所得動向の影響

次に、ふたり親の子育て世帯の世帯所得の変化と親の所得の動向の関連を分析したい。父親の所得、母親の所得は世帯所得の変化とどう関連しているのだろうか。以下では、1）妻無業世帯における世帯所得、2）妻有業世帯における夫の、所得動向を見ることで、男性稼ぎ主モデルの強さを考えてみたい。3）ではおよび妻の所得の動向を分析し、妻所得の家計での位置を考えたい。

妻無業世帯における世帯所得の動向

まずは妻の無業世帯での、低所得世帯と高所得世帯の増減をみていきたい。なお、妻無業世帯の世帯所得は夫の所得その他の収入（例えば社会保障給付等）によるものであり、この世帯の夫就業率の高さを考えると、少なくない部分が夫の所得と考えられる。

最初に、妻無業世帯の低所得層の世帯所得の動向についてみていこう。妻無業世帯の中では、世帯所得（そのほとんどが夫所得と考えられる）が低所得である世帯が末子5歳以下の世帯でのみ明白に減少しており、子どもが大きくなるほど低所得の減少幅が小さく、物価を加味するとむしろ低所得が増えている。

妻無業 世帯所得　400万円未満世帯		夫婦・子からなる世帯全体	末子5歳以下	末子6〜11歳	末子12〜17歳	末子18歳以上（在学者）
2002年		23.1%	29.7%	15.9%	14.6%	11.0%
物価調整前	2022年	22.1%	16.4%	12.3%	12.2%	14.3%
	2002→2022年	-1.0%	-13.3%	-3.6%	-2.4%	3.3%
物価調整後	2022年	26.4%	22.2%	16.6%	15.2%	16.9%
	2002→2022年	3.4%	-7.5%	0.6%	0.6%	5.9%

図7−1　夫婦・子からなる世帯・妻無業世帯のうち、
世帯所得400万円未満割合の推移（末子年齢別）

就業構造基本調査より作成

図7−1は、妻が無業である夫婦・子からなる世帯について、世帯所得が400万円未満である世帯の妻無業世帯内での割合の推移である。夫婦子からなる世帯全体では、妻無業世帯の中での世帯所得400万円未満世帯の割合は2002年の23.1%から2022年には22.1%（物価調整後26.4%）と、1ポイント減（物価調整後は3.4ポイント増）となっており、大きくは減少していない。

子どもの年齢別で見てみると、末子5歳以下世帯は29.7%から16.4%（物価調整後22.2%）で、13.3（同7.5）ポイントと物価調整後の参考値も含め、世帯所得400万円未満世帯が減少している。末子6〜11歳世帯では15.9%から12.3%（同16.6%）、末子12〜17歳では14.6%から12.2%（同15.2%）になっており、それぞれ3.6ポイント、2.4ポイントとわずかに減少している。しかし、物価上昇を加味するとむしろそれぞれ0.6ポイントのわずかな増加になる。また、末子18歳以上（在学）世帯では低所得世帯が11%から14.3%（物価調整後16.9%）と、物価調整をしてもしなくても年収400万円未満世帯が増加している。要するに、妻無業世帯では、低年齢の子どもがいる世帯ほど、そのほとんどが実の所得と考えられる世帯所得が増え、子どもの年齢が高い世帯ほど、世帯所得が低い世帯が増えている。

次に、妻無業世帯の世帯所得高所得層の動向についてみていこう。妻無業世帯の中では世帯所得が高所得である世帯の割合は増えており、特に末子5歳以下の世帯において明白に増えている。しかし、子どもが大きくなるほど増加幅は小さくなり、物価上昇を加味するとさらに増加幅は小さくなる。

図7−2は妻が無業である世帯の夫婦子からなる世帯の、妻無業世帯の中での

妻無業 世帯所得800万円以上世帯		夫婦・子からなる世帯全体	末子5歳以下	末子6〜11歳	末子12〜17歳	末子18歳以上（在学者）
2002年		22.6%	11.7%	27.7%	36.4%	48.3%
物価調整前	2022年	27.9%	20.8%	36.2%	45.0%	48.1%
	2002→2022年	5.3%	9.1%	8.4%	8.5%	-0.3%
物価調整後参考値	2022年	22.9%	16.1%	29.5%	37.8%	42.3%
	2002→2022年	0.3%	4.4%	1.8%	1.4%	-6.1%

図7−2　夫婦・子からなる世帯・妻無業世帯のうち、世帯所得800万円以上割合の推移（末子年齢別）

就業構造基本調査より作成

世帯所得800万以上世帯の割合の推移である。夫婦・子からなる世帯全体では、世帯所得800万円以上世帯の割合は2002年から2022年に22.6%から27.9%（物価調整後22.9%）へと、5.3（同0.3）ポイント増加しており、名目値では高所得世帯の割合が上昇するが、物価上昇を加味すると増加幅は0.3ポイントとわずかである。

子どもの年齢別では、末子5歳以下世帯で11.7%から20.8%（物価調整後の参考値16.1%）と、9.1（同4.4）ポイント、世帯所得が高い世帯が増加しており、この層では所得上昇を加味しても増加している。末子年齢6〜11歳世帯では27.7%から36.2%（同29.5%）となり、8.4（同1.8）ポイント増、末子年齢12〜17歳世帯では36.4%から45%（同37.8%）と8.5（1.4）ポイント増となるが、物価調整後の参考値では増加幅はわずかとなる。末子18歳以上（在学者）世帯では48.3%から48.1%（同42.3%）で、0.3（同6.1）ポイント減少しており、物価上昇を加味せずとも高所得層割合は減っている。

以上のように、妻無業世帯では末子5歳以下の世帯でのみ、低所得層の減少、高所得層の増加が明確にみられるが、その他の年齢層の子をもつ世帯では低所得層の減少、高所得層の増加はわずかで、実質賃金の低下を加味すると、高所得層の増加幅はさらに小さくなり、低所得層は減少ではなく増加している。さらに末子18歳以上（在学）の世帯では物価調整後の参考値でなくとも、低所得層が増加、高所得層は減少している。

妻有業世帯の夫の所得状況

では次に妻有業の世帯の夫の所得状況についてみていこう。

妻有業 夫所得　400万円未満世帯		夫婦・子からなる世帯全体	末子5歳以下	末子6～11歳	末子12～17歳	末子18歳以上（在学者）
2002年		32.3%	39.5%	26.1%	23.7%	20.5%
物価調整前	2022年	31.2%	26.9%	22.0%	21.2%	21.6%
	2002→2022年	-1.1%	-12.6%	-4.1%	-2.5%	1.1%
物価調整後参考値	2022年	31.6%	33.3%	26.8%	24.8%	22.1%
	2002→2022年	-0.7%	-6.1%	0.6%	1.1%	1.6%

図8－1　夫婦・子からなる世帯・妻有業世帯のうち、夫所得400万円未満割合の推移（末子年齢別）

就業構造基本調査より作成

妻有業 夫　所得800万円以上世帯		夫婦・子からなる世帯全体	末子5歳以下	末子6～11歳	末子12～17歳	末子18歳以上（在学者）
2002年		16.4%	6.6%	14.9%	23.2%	32.4%
物価調整前	2022年	18.6%	12.6%	20.2%	25.5%	32.0%
	2002→2022年	2.2%	6.1%	5.2%	2.3%	-0.4%
物価調整後参考値	2022年	14.4%	9.5%	15.5%	20.1%	25.3%
	2002→2022年	-2.0%	3.0%	0.6%	-3.2%	-7.1%

図8－2　夫婦・子からなる世帯・妻有業世帯のうち、夫所得800万以上割合の推移（末子年齢別）

就業構造基本調査より作成

図8－1は、妻が有業である夫婦子からなる世帯について、妻有業世帯内での夫所得400万円未満世帯の割合を示したものである。以下にみるように、妻有業の世帯だけでみると、夫の所得が400万円未満である世帯は減少しているものの、子どもの年齢が大きい世帯ほど400万円未満の減少幅が大きくなり、物価変動を反映させると、夫の所得が低所得である世帯はむしろ増加傾向となっている。

夫婦子からなる世帯全体では、2002年から2022年にかけて夫の所得が400万円未満である世帯は32.3%から31.2%（物価調整後31.6%）となっており、減少幅は1.1（同0.7）ポイント減と小さい。

子どもの年齢別にみると、末子5歳以下の子どものいる世帯では39.5%から26.9%（同33.3%）と、12.6（同6.1）ポイントの減少であり、夫が低所得層である世帯の割合は物価調整後の参考値も含め減少している。しかし、子どもの年齢があがるほど、夫所得が400万円未満世帯の割合の減少幅は小さくなり、末子6〜11歳世帯では26.1%から22%（物価調整後26.8%）で4.1ポイント減（物価調整後の参考値では0.6ポイント増）、末子12〜17歳世帯では23.7%から21.2%（物価調整後24.8%）で2.5ポイント減（物価調整後は1.1ポイント増）と、物価調整後の参考値ではむしろ夫が低所得である世帯の割合は増加している。末子18歳以上（在学）世帯については20.5%から21.6%（物価調整後22.1%）と、物価調整をした参考値でなくとも、夫の低所得世帯の割合は増加している。

全体として、子どもが6歳以上の世帯では夫低所得世帯割合は減少の幅は小さく、物価調整後の参考値ではむしろ夫が低所得である世帯の割合が増えている。共働き世帯で明確に夫の低所得世帯が減少しているのは末子5歳以下世帯のみとみてよいであろう。

次に妻有業の高所得世帯における夫の所得の動向をみていこう。**図8－2**は妻が有業である夫婦子からなる世帯について、妻有業世帯の中での夫所得800万円以上世帯の割合の推移を表したものである。夫が高所得である世帯は末子5歳以下世帯を除いて大きくは増えておらず、物価減少を加味するとむしろ減少する傾向にある。

夫婦・子からなる世帯全体では、夫所得800万円以上の世帯の割合は2002年から2022年にかけて、16.4%から18.6%へと、2.2ポイント増加している。2022年の物価調整後の参考値では14.4%と、むしろ2ポイント減となる。

子どもの年齢別では、末子5歳以下世帯で6.6%から12.6%（物価調整後の参考値9.5%）と6.1（同3）ポイント増加している。末子年齢6〜11歳世帯で14.9%から20.2%（同15.5%）となり、5.2（同0.6）ポイントと増加幅が小さくなる。末子年齢12〜17歳世帯では23.2%から25.5%と2.3ポイント増加しているが、2022年の物価調整後の参考値では20.1%となり、3.2ポイント減少となる。末子18歳以上（在学者）世帯では32.4%から32%（同25.3%）で、0.4（同7.1）ポイント減少しており、物価上昇を加味せずとも高所得層割合は減っている。

高所得世帯の夫の所得についても、増加が明確なのは末子5歳以下の世帯だけであり、より大きい子どもがいる世帯の夫所得の増加幅はごくわずかで実質所得でみると高所得世帯がむしろ減少しているか、実質所得でみずとも減少している状況にある。

以上の結果をふまえるならば、低年齢児のいるふたり親世帯の所得状況の改善の背景には、妻無業世帯の減少、妻有業世帯の増加に加えて、妻無業・妻無業を問わず、夫の所得の一定の改善もあると思われる。ただし、この傾向は子どもが大きい世帯には見られず、また物価上昇を加味すると、改善幅は見ためより小さいことには注意が必要である。

さらに、また、妻無業世帯について注意を要するのは、妻無業世帯の中では高所得世帯が増えているのに、夫婦子からなる世帯全体の中では、妻無業の高所得世帯の割合が減少しているという点である。夫婦子からなる世帯の高所得世帯では妻有業の世帯が多数を占めるようになり、妻無業世帯の中で高所得層が増えたとしてもそれは夫婦子からなる世帯の高所得世帯全体からみるとごくわずかな増加であり、それよりもむしろ妻有業化による妻無業世帯そのものの減少の影響が強いからである。高所得の子育て世代の中で、専業主婦世帯の影響力が低くなっていると考えることができよう。

妻有業世帯の妻所得の状況

では次に、妻有業世帯の妻の所得状況を確認したい。**図9**は2007年と2022年の夫婦・子からなる世帯の妻の所得について、低所得層を200万円未満、中所得層を300～499万円、高所得層を500万円以上として、各所得階層に属する世帯の割合を示したものである[1]。

妻所得が200万円未満の世帯については、2007年に妻30代で59%、妻40代で62.5%だったが、2022年には妻30代で51.8%、妻40代で57.4%と、妻30代では7.2ポイント、妻40代では5.1ポイント減少している。物価調整を行った場合には妻30代で58.8%から55.1%（3.7ポイント減)、妻40代では62.4%から59.9%（2.5ポイント減）と、減少幅は小さくなる。また、妻低所得世帯の割合は妻40代世帯の方が妻30代世帯よりも多いという特徴がある。

300万～499万円の中所得層については、妻30代の世帯では16.3%から28.3%

物価調整前 妻所得	30代母親		40代母親	
	2007年	2022年	2007年	2022年
200万円未満	59.0%	51.8%	62.5%	57.4%
300〜499万円	16.3%	28.3%	10.3%	20.6%
500万円以上	3.4%	8.8%	9.4%	11.8%

物価調整後参考値 妻所得	30代母親		40代母親	
	2007年	2022年	2007年	2022年
200万円未満	58.8%	55.1%	62.4%	59.9%
300〜499万円	16.4%	21.9%	10.3%	15.6%
500万以上円	3.5%	6.1%	9.4%	9.7%

図9 夫婦・子からなる世帯 妻年齢別妻の所得階層別割合推移

「物価調整後参考値」については、図9と同じ方法で、物価調整を行っている。なお、物価デフレーターは2022年を100とし、2007年を99.7、2022年を108.6としている。

就業構造基本調査より作成

(12ポイント増)、妻40代の世帯では10.3%から20.6%(10.3ポイント増)と、いずれも増加している。物価調整を行っても妻30代では妻所得300〜400万円世帯の割合が16.4%から21.9%に5.5ポイント上昇し、妻40代では10.3%から15.6%と5.3ポイント増加しているから、実質的にも中所得層はわずかながら増加しているといえよう。また、妻が中所得の世帯の割合は、妻が30代の世帯が妻40代の世帯よりも多くなっている。母親の低所得層の減少、中所得層の増加が30代の母親を中心に生じているのは、子どもをもつ夫婦世帯の母親の正規雇用比率の上昇と軌を一にしていると考えられる。

他方で妻所得が500万円以上の世帯は中所得層の増加ほどには伸びていない。妻所得500万円以上の世帯は妻30代の世帯で2007年の3.4%から2022年には8.8%と5.4ポイント増加している一方、妻が40代の世帯では9.4%から11.8%と、2.4ポイント増のわずかなのびとなっている。物価調整を行った参考値では、妻30代世帯でも妻所得が500万円以上である世帯が3.5%から6.1%と、わずか3.2ポイントののびとなり、妻40代世帯では妻所得500万円以上世帯が9.4%から9.7%と、ほとんど割合を増やしていない。また、妻が高所得の世帯の割合は、妻が30代より妻が40代の世帯の方が多いが、両者の差は縮小する傾向となっている。

30代、40代の母親の正規雇用比率が上昇したとは言え、増えるのは中所得層までで、高所得層は40代でも増えていない点は注目される。

子育て世代の妻有業世帯の妻の所得で見てみると、妻30代、妻40代のいずれの子育て世代でも妻の所得は200万円未満の低所得者が大半を占め、高所得者がきわめて少ないという大きな構造はこれまでも指摘されてきており、大きな変化がない。とはいえ、妻が低所得者である世帯は減少傾向にあり、代わって、妻が中所得層の世帯が増えている。妻が30代の世帯と40代の世帯を比べると、妻が30代の世帯で低所得層が少なく中所得層が多くなっており、若い世代のほうが中所得層の比重が相対的に高まっていると考えられる。妻所得が500万円以上の、女性としては比較的、所得が高い世帯は妻が30代では微増しているが、40代はほとんど伸びていない。

以上のように妻有業の世帯の妻の所得については、低所得層の割合が減少し、中所得層の割合が小幅ながら増加しており、この傾向は特に若い世代で強い。高所得層については30代の母親で小幅ながら増加傾向にあるものの、40代の母親では増加幅がわずかある。稼ぎ手としての母親の存在感はより大きくなっていると言えよう。

総じて、妻の無業世帯の世帯所得、妻の有業世帯の夫の所得、妻の有業世帯の妻の所得は、いずれも子どもが小さい世帯ほど所得の改善が進み、子どもが大きくなるほど所得の改善が停滞するという動きになっており、子育て世帯の世帯所得はこうした親たちの所得動向と軌を一にしていると考えられる。夫および妻の所得の動向も子育て世帯の世帯所得の変動（子どもの小さい世帯での所得状況の改善／子どもの大きい世帯での所得改善の停滞）をもたらしていると考えられよう。

5. 家族形成による格差の拡大？

さて、子育て世帯の多就業・共働き化が進む中で、もうひとつ考えておきたいのは家族形成によって世帯の所得格差がより拡大する可能性である。多就業・共働き化し、かつ父および妻の所得が多様化してくると、世帯の所得水準は夫の所得の水準だけでは決まらず、夫婦それぞれの所得水準と夫婦の組みあわせのありようも反映する。その中で、夫婦が上層同士あるいは下層同士の世帯形成が増えると、家族形成が格差をより大きくすることが考えられる。

図10は、妻が有業である夫婦子からなる世帯において、妻の所得が150万円以下（パート就労レベルと仮定）、妻の所得が150万～500万円未満（パート就労以上、高所得以下の中所得層と仮定）、妻の所得が500万円以上（高所得層と仮定）に分け、妻の所得階層ごとに夫の所得階層の分布をみたものである。

妻が30代	夫300万円未満	夫300～ 600万円未満	夫600～ 800万円未満	夫800万円以上
総数	10.2%	56.2%	21.4%	11.5%
妻150万円未満	10.6%	58.7%	20.9%	9.2%
妻150～500万円未満	10.0%	59.3%	20.8%	9.5%
妻500万円以上	3.7%	32.5%	30.5%	32.3%

妻が40代	夫300万円未満	夫300～ 599万円未満	夫600～ 800万円未満	夫800万円以上
総数	9.7%	41.1%	25.0%	23.4%
妻150万円未満	8.3%	39.9%	26.4%	24.7%
妻150～500万円未満	11.1%	48.0%	22.9%	17.5%
妻500万円以上	6.2%	26.4%	28.5%	38.5%

図10　夫婦・子からなる世帯　妻の年齢別　妻・夫の所得組みあわせ　分布

就業構造基本調査より作成

この図については組みあわせの分布をみる目的であるため、物価調整は行っていない。

妻が30代の夫婦子からなる世帯の場合には、夫の所得が300万円未満の世帯は10.2%であり、夫の所得が300～600万円未満の世帯は56.2%、夫の所得が600～800万円未満の世帯が21.4%、夫の所得が800万円以上の世帯は11.5%という分布となっている。しかし、妻の所得が500万円以上の世帯では夫の所得が300万円未満は3.7%、夫の所得が300～600万円未満の世帯は32.5%と所得の低い夫との組みあわせは少なくなり、夫の所得が600～800万円未満の世帯が30.5%、夫の所得が800万円以上の世帯は32.3%と、夫婦が中高所得同士の組みあわせが高く世帯構成がかたよる傾向にあることがわかる。

また、妻が40代の夫婦子からなる世帯の場合には、夫の所得が300万円未満の世帯は9.7%であり、夫の所得が300～600万円未満の世帯は41.1%、夫の所得が600～800万円未満の世帯が25%、夫の所得が800万円以上の世帯は23.4%という分布となっている。しかし、妻が150～500万円未満の所得階層の場合、夫所得が300～600万円の世帯が48%と、夫婦ともに中所得層同士の世帯の割合が相対的に高くなっている。また、妻の所得が500万円以上の場合には夫の所得が300万円未満の世帯は6.2%、300～500万円未満の世帯は26.4%と平均より低く、夫が低・中所得と妻が高所得である組みあわせは少ない。また、他方、夫の所得が600～800万円未満の世帯は28.5%、夫の所得が800万円以上の世帯が38.5%と、やはり夫婦ともに高所得同士の組みあわせに世帯構成がかたよる傾向となっている。

先に見たように、子育て世帯において、母親自身が高所得である世帯は少なく、妻が500万円以上の所得の世帯は妻が40代でも1割未満とそれほど多くない。それゆえにいわゆるハイパーカップルと言われる共働き世帯が子育て世代において大きな位置を占めているわけではないにせよ、夫婦が高所得である者同士の高所得世帯が特に若い世代で形成され始めていると考えられる。

また、むしろ注目したいのは、夫婦が中所得同士の世帯である。子育てする母親で増加しているのはこうした中所得層であり、この層も共働きによって、一定の所得水準を確保していると考えられる。中所得労働者は高所得労働者の働き方や労働条件とは異なる働き方、労働条件の下で生活を営んでいる可能性がある。今後、高所得同士の世帯との生活形態の異同をさらに分析する必要があるだろう[2]。

おわりに

以上のように、女性の労働力化に伴い、2000年代から2022年代にかけて小さい子どもがいるふたり親の子育て世帯も含め、多就業・共働き家族化が一般化し、ふたり親世帯では妻の就労所得も含めた家計構造が標準化している。そうした中で、5歳未満の子どものいるふたり親世帯では、低所得層の減少、高所得層の増加による所得改善が進んでおり、その背景には低所得層の多い妻無業世帯の減少、父親と母親の所得状況の改善があると考えられる。しかし、父親と母親の所得状況の改善は子どもの年齢が高い世帯ほど進んでおらず、その結果、それら世帯では世帯所得の改善が5歳未満の子どものいるふたり親世帯ほどは及んでいない。物価上昇を加味すれば、子どもの年齢が高い世帯ほど、世帯所得改善が進まない状況はさらに明白となる。

いずれにせよ、妻所得の比重の高まりにより、男性稼ぎ手モデルの変化は進んでいると言えよう。

総じて、多就業・共働き化によるふたり親世帯の生活基盤の確保が子どもの年齢を問わず、標準化しており、父母相方が就労することで世帯所得の底上げがはかられている。これはすなわち女性の労働力商品化による家計の維持がより拡大・浸透したことを示しており、労働力商品化に伴う諸問題（生活と労働の矛盾、身体の酷使など）により多くのは母親が直面するようになったとも考えられる[長田ほか2024]。母親の就業の質が子育て世帯の所得や生活のあり方に与える影響はこれまで以上に大きく、女性の就労条件の確保は喫緊の課題である。

また、子育て世帯における多就業・共働き家族化の一般化、女性の正規雇用増大に伴う母親の中・高所得層の小幅な増加により、夫婦単位の家族形成を通じた世帯所得格差の拡大傾向が出始めている。本稿では紙幅の関係で十分にふれることができなかったが、特に男性で低所得層が家族形成の障害となっていること、女性ではひとり親世帯や独身者に貧困が生じていることをふまえるならば、夫婦単位の家族形成をする・できるかどうかの地点で格差が生じている。夫婦単位の家族形成をした地点にも夫婦組みあわせによって格差が拡大する世帯構造が作られているといえよう。

〔注〕

1　本稿で用いている「就業構造基本調査」では、妻の所得状況は末子年齢別に集計されていない。そのため、子育て世代の夫婦・子からなる世帯の妻の所得状況を把握するのに、夫婦・子からなる世帯の妻年齢別所得階層に関する集計を利用し、子育て世代にあたる妻30代、40代の所得をみることとした。また、2002年の調査結果には妻世代別の集計がないため、比較は2007年と2022年となっている。

2　例えば、子育て支援制度の整備は大企業ほど進んでおり、中小企業ほど立ち後れる傾向にある。2020年「雇用均等調査」によれば、法定以上の育児時短制度を整備している事業所は40.7%だが、従業員数500人以上の事業所は83.4%で法定以上の育児時短制度を整備している。従業員数が少ない事業所ほど整備が立ち後れており、5〜29人の従業員の事業所では36.5%しか法定以上の育児時短制度は整備されていない。企業規模と所得水準は連動するケースが多いことを鑑みると、中低所得労働者の場合には両立支援制度が乏しく、仕事と子育ての両立に困難がある可能性もある。

〔参考文献〕

飯島裕子『ルポ　貧困女子』岩波書店、2016年
大沢真理『生活保障のガバナンス――ジェンダーとお金の流れで読み解く』有斐閣、2014年
G.エスピン・アンデルセン（大沢真理監訳）『平等と効率の福祉革命――新しい女性の役割』岩波書店、2011年　*The incomplete revolution: adapting to women's new roles,* Polity, 2009
小杉礼子、鈴木晶子、野依智子編著『シングル女性の貧困――非正規職女性の仕事・暮らしと社会的支援』明石書店、2017年
後藤道夫『収縮する日本型「大衆社会」――経済グローバリズムと国民の分裂』旬報社、2001年
杉浦浩美『働く女性のマタニティ・ハラスメント――「労働する身体」と「産む身体」を生きる』大月書店、2009年
周燕飛『貧困専業主婦』新潮社、2019年
橘木俊詔・迫田さやか『夫婦格差社会――二極化する結婚のかたち』中公新書、2013年
長田華子・金井郁・古沢紀代子『フェミニスト経済学』有斐閣、2023年
中西新太郎「90年代日本社会の再編成と生活問題」（渡辺治・後藤道夫編『講座現代日本　第3巻　日本社会の再編成と矛盾』大月書店、1997年
蓑輪明子「新自由主義時代における家族の多就業化と新しい家族主義の登場」『現代思想』41巻12号、2013年

投 稿 論 文

日本労働社会学会年報第35号〔2024年〕

転職意向・転職経験をめぐる日本の若年者の自己意識の特徴

――二項ロジスティック分析を用いた日韓米3ヵ国の比較から――

井口　尚樹
（九州工業大学）

1. 研究の背景と目的

本稿は、日本の若年者において、転職意向や転職経験を有する者の自己意識の特徴を明らかにする。その際、異なる労働市場の特徴を持つ韓国と米国の若年者との比較分析を行うことで、また、転職意向と転職経験の場合の関連の違いに着目することで、構造と紐づいた日本の若年者にとっての転職の意味付けの特殊性について考察する。

日本では、特に大企業の男性正規雇用労働者を中心に、長期雇用・勤続の慣行が続いてきた（仁田・久本編 2008; 神林 2016）。新規学卒採用の後、様々な部署への配属を経験しつつ、手厚い生活保障と年功制賃金制度のもと、長期勤続するのは労働者・企業双方にとって有益なこととみなされてきた。もちろん、こうしたあり方は中小企業の労働者や女性には必ずしも当てはまっていなかったことには注意する必要があるが、他方で日本社会の「望ましい」「典型的な」生き方として、企業での長期勤続は意味付けられてきたといえる。これに対し、早期離職は組織にとって問題とみなされたり、転職者自身にとっても不利な帰結をもたらすものとして描かれたりしてきた（安藤 2019; 安田 2008）。

しかし、特に1990年代以降、長期勤続を是とする考えには変化の兆しがみられるようになった。1980年代以降の規制緩和や企業経営のフレキシブル化の影響もあり、非正規雇用はより一般的になった。また、正規雇用労働者も含め、転職について肯定的に論じる言説や、これを推奨する政策がみられるようになっている。2017年の「働き方改革実行計画」では、働き方ニーズの多様化や産業の急速な変化を背景に、「労働者が自分に合った働き方を選択して自らキャリアを設計」するとともに「付加価値の高い産業への転職・再就職を通じて国全体の生産性の向上」を実現する手段として転職が位置付けられ、2021年からは常時雇用301人以上の企業に対し、正規雇用労働者の中途採用比率公表が義務化されるようになった。2022年に経団連は、消極的な印象のある「中途採用」を「経験者採用」と呼称を変更することを発表した。2023年の「新しい資本主義実現会議」でも「三位一体の労働市場改革の指針」として「①リ・スキリングによる能力向上支援、②個々の企業の実態に応じた職務給の導入、③成長分野への労働移動の円滑化」が掲げられている。

一方で実際の転職はさほど活性化しているわけではない。厚生労働省の「雇用動向調査」によれば、常用労働者数に占める転職入職者の割合（転職入職率）は、2005年から2022年にかけて10%前後でさほど変化していない（厚生労働省 2022, 2023）。こうした中、若年者自身にとって、転職がどのようなものとして意味づけられているのかや、転職意向や転職経験を有する者の意識の傾向を探ることは有益であると考えられる。それは例えば、転職を促す政策や言説が広まるようになっても、なぜ多くの人々が転職をしないのか、あるいは転職のイメージと、実際にそれを行う者の特徴の間にズレはないか、といった問いに答えるのに役立つと考えられる。

2. 先行研究と本稿の課題設定

本節では、第1項で転職を対象とする研究を類別した後、転職と若年者の意識の関連を探る必要性を論じる。第2項で、転職と個人の意識の関連を取り扱う先行研究を紹介し、それらの課題として、若年者が企業外を目指すことに直接関連する意識項目の検討の不足および、社会による違いや労働市場の特徴との関連の検討の不足があることを指摘する。第3項で、それらの課題を乗り越えるために、本稿が「オルタナティブ性」「オリジナルな仕事志向」「自身についての熟慮」と転職意向・転職経験の関連について、韓国と米国との比較を行うことを述べる。

(1) 転職研究の概要と若年者の意識を探る必要性

転職についての先行研究は主に次の3つに区分できる。第1に、誰が転職を希望・経験するのかを探る研究、第2に、転職のプロセスについて社会的ネットワーク論の視点からなされた研究、第3に、転職が個人や企業にどのような影響をもたらすかについての研究、である。

前節で述べた、日本における転職の少なさについても、それぞれのアプローチから説明が提供される。第1の転職者の特徴を探るアプローチの研究からは、産業・職種・勤務先の特徴、あるいは家庭状況等の面からの説明が可能である[1]。第2の社会ネットワーク論のアプローチからは、雇用条件改善につながりやすい人的つながり[2]を通じた転職の減少（渡辺 2014）や民間職業紹介事業を通じた転職の少なさ（労働政策研究・研修機構 2015）による説明が、第3の転職の影響をみるアプローチからは、賃金が増加する場合の少なさ（厚生労働省 2023; 萩原 2014; 伊藤 2001）や一部職種での生え抜き社員との処遇格差（佐藤 2018; 勇上 2001）による説明がありうる[3]。これらの説明は相互に排他的というよりも、組み合わせることで包括的な理解が達成されるものであろう。

本稿が注目する若年者の意識は、第2、第3のアプローチとも一定の関連を有するが、主に第1の転職者の特徴を探る研究の一部として位置づけられる。このアプローチではまず、厚生労働省による「転職者実態調査」や「雇用動向調査」など、構造的要素に注目した調査や研究が多くなされている。結果として、日本で大企業など比較的条件の良い中途採用枠が少ないことが明らかにされており、さらに労働政策研究・研修機構（2024）は、どの産業・組織規模・職種からどの産業・組織規模・職種へであれば、比較的条件の良い転職がなされるかを明らかにしている。

一方で、これらの研究の限界として、若年者の転職意向に影響しうる文化的な側面をとらえきれない点が挙げられる。もちろん給与などの経済的条件は重要であるし、若年者もそれを一定程度把握していると考えられる。しかし、転職の選択は必ずしもそうした情報だけに基づき功利的になされるのではなく、文化的要素にも影響を受けている可能性がある。例えば、日本の一般の言説では、転職はしばしば「我慢が足りない」「責任感に乏しい」等と否定的に、あるいは「自分にとって重要な価値を重視する」「意識が高い」など、当人の自己や、主流の社会に対するオルタナティブなあり方を切り開く者としてのイメージと結びつけて論じられてきた（例として、川畑 2017; 松原 2024; 中谷 2024）。こうした言説に触れる中で、転職に対する心理的ハードルが形成される、あるいは逆に、若年者が「自分らしさ」と結びついたオルタナティブなあり方に魅力を感じることもありうるだろう。こうした文化的側面とも関連した若年者の意識の検討は、2010年代後半以降の転職を肯定的に位置づけるようになった政策や言説による影響を探る上でも重要と考えられる[4]。

(2) 転職と個人の意識の関連についての先行研究と課題

こうした文化的要素と結びついた、転職と個人の意識の関連についての先駆的研究として、渡辺（2014）が挙げられる。渡辺は、日本的雇用慣行が根強かった1985年に東京の男性従業員に対して行った調査をもとに、「家族中心」的価値観を持つ男性従業員が、会社や仕事を中心におく者と比べ転職意向を抱きやすい一方で、転職経験には違いがみられないことを明らかにした。これらは当時の日本的雇用における転職の、仕事中心志向に対するオルタナティブ性を示唆するものであるが、その後の日本的雇用の変質に伴う意味づけや経験の変化や、男性だけでなく女性も含めた分析が課題として残された。

特に2000年代後半以降、むしろ仕事への志向の強さやキャリアを自身で築く主体性と正の関連を持つという視座のもと、転職についての研究が進められるようになっている。結果として、一部の対象や項目に関しては、転職意向や転職行動との関連が見いだされている。35歳以上の大卒正社員に限ってであるが、田中（2007）は、転職経験者は未経験者と比べ、独立志向が高く、仕事のやりがいなど内在的報酬を重視する傾向があることを明らかにしている。また頻回転職者へのインタビューを行った安藤（2019）は、彼らが自己主導的で、仕事を通じた学習を重視し、そのための地域移動を厭わないことを明らかにしている。また鈴木（2022）は、副業保有と転職意思の間に正の関連があることを示している。一方で、「職業的イメージの明確さ」（得意分野が見つかっている等）や「主体的キャリア形成意欲」（キャリアを充実させる意欲等）と離転職意思の相関を探った尾野（2022）は、2，30代での相関がほぼないとしている。また黒沢・下村（2023）でも、「キャリア自律意識」(会社にキャリアを提示してもらうのではなく、自分でキャリアを計画したいか）と離転職意思の間の相関は非常に弱いことが示されている。

これらの結果は、転職意向や転職行動が、所属組織内で追求することも可能な[5]キャリア自律などの意識一般というよりも、組織外を目指すことにかかわるそのうちの一部分と関連していることを示唆する。具体的に、例えば仕事内容に関し、単にそのイメージが明確である（「職業的イメージの明確さ」）ことは転職意向と関連しないが、自身にとってのやりがいや学びを重視する志向が転職意向につながる可能性が考えられる。またキャリアを充実させる意欲一般と転職意向は関連しなくとも、所属企業内での昇進を目指す日本型雇用に典型的なキャリア志向に対するオルタナティブとしての、独立志向、自己主導性、副業を持つこと、などとの関連がみられたと考えられる。ただし対象者の限定性もあり、特に若年者一般についてこの予想が妥当であるかの検証は課題として残されている。

先行研究にはもう1つの課題がある。特にキャリア意識との関連を探る研究は、単一の社会での結果をもとに、キャリア理論と結び付けて考察しているが、その結果が労働市場制度とどのように関連しているかが十分検討されていない。つまり単一の社会のみを分析しても、自己意識と転職意向・転職経験の間の関連が普遍的な心理的傾向によるのか、それとも当該社会に特殊な文脈により生じるものかが判断できない。あるいは転職意向・転職経験の有無を、個人の自己意識のみで説明する場合、それは転職の不活発・もしくは過度の活発化の原因について個人（特に若者）に責任を押し付ける（例えば自立心や冒険心が過小・過多である、など）議論に加担してしまう危険も伴う。

(3) 本稿の課題設定

本稿は先行研究の知見と限界を踏まえ、日本で「企業外」を目指すことの意味と関連するであろう、「オリジナルな仕事志向」、「オルタナティブ性」、「自身についての熟慮」と転職意向・転職経験の間の関連について、他国との比較を行う。日本的雇用慣行の特徴の1つとして、職務に定めのない雇用契約と柔軟な配置転換があるが、それは従業員が仕事内容を自ら選び限定することが難しいことにもつながると考えられる。そうした中、自分にしかできないようなオリジナリティある仕事や活動をしようと思うことは、一組織にとどまらず転職する意向を高める可能性がある。また、長期雇用・勤続が「主流」で「望ましい」働き方とされる中では、逸脱ととらえられうる転職は、自身についての熟慮と結びついている可能性がある。さらにグローバルな視点を持つことや、進歩的な考えを有していることが、長期勤続を無条件に是とみなさずそれを相対化することを促し、転職意向を生じやすくさせることが考えられる。さらに、「自分らしさ」や「主流に対するオルタナティブなあり方を追求する」意識は、日本の転職についての一般の言説でも示されているものでもあり、本稿はそれが妥当であるかを分析する。これらは、既存の転職理由の分類上は、主に個人的かつ自発的理由（特に仕事の内容ややりがい）によるものに該当すると考えられる。

その際、本稿は日本だけでなく、韓国および米国を分析対象に加え、各国の転職の意味づけの特徴を労働市場との関連で説明しようとする。先述したように、個人の意識と転職意向の間の関連を単に明らかにするのみでは、転職にまつわる問題を個人の意識の問題に矮小化してしまう危険がある。社会学的に興味深いのは、ミクロレベルの意識がマクロな社会構造、制度、言説といかに結びついているかであり、異なる労働市場や制度を有する他国との比較を通じ、この点を説明できるようになる。第4節で詳しく説明するが、韓国や米国では転職が日本よりも一般的である中で、オルタナティブ性や自身についての熟慮と転職意向の関連が弱いと予想される。また若年雇用が不安定な韓国では転職が社会的に不利な層に多くみられる中で、オリジナルな仕事志向と転職意向の関連がより弱いのに対し、自律的なキャリアの構築・発展の手段として転職が位置づけられる米国ではオリジナルな仕事志向と転職意向の関連は強いと予想される。こうした対比のもと、労働市場の構造と紐づいたものとしての日本の転職をめぐる文化や意識を説明するのが本稿のアプローチである。

さらに本稿は、転職意向と転職経験の両方との関連を検討することで、文化的要素の影響の度合いを明確化しようとする。オリジナルな仕事志向やオルタナティブ性と結び付けて転職を描く言説は、若年者の転職意向に影響しやすいと予想されるが、さらに実際の転職行動にどの程度影響しているかも、例えば転職を促進しようとする政策にとっては重要な焦点だからである。オリジナルな仕事志向やオルタナティブ性は、やりがいの追求などの自発的理由による転職意向と関連しやすいのに対し、実際の転職経験はほかにも契約期間満了や会社の業績悪化などの非自発的理由や、自発的理由のうちでも家庭の事情などにより生じうる。転職意向だけでなく、転職経験と個人の意識の関連を分析することで、構造的要因と文化的要因のそれぞれが転職に及ぼす影響をよりよくとらえられるようになるだろう。

3．研究方法

（1）分析の対象

本稿は、青少年研究会が2023年に実施し、著者も研究会の一員として携わった、「若者の生活と意識に関する調査（国際比較調査）」のデータを用いる。調査はオンラインで、日本、韓国、米国の16〜29歳の者に対し実施した。調査会社が保有するサンプルをもとに、男女それぞれについて、年齢層や居住地域が均等となるように割り付けを行い、各国500名ずつの対象者が集まるまでデータを集めた。調査時期は2023年2月17日〜28日で、各国語で作成したウェブ・アンケート・フォームに、オンライン上で回答してもらった。質問文と選択肢はできるだけ同じ意味になるように作成し、バイリンガル者や各国文学の研究者の確認を受け修正を行った。

ウェブ・モニター調査については、非確率的なサンプリング・バイアスが生じることが明らかにされている。ただし訪問調査や郵送調査との比較検討を行った調査（石田ほか 2009; 萩原 2014）によれば、それはウェブ・モニター調査固有の問題とはいえず、訪問調査や郵送調査でも若年層や未婚者が少なめになることが報告されている。また年齢層が低いほど調査法による偏りが小さくなるという。そこで本研究では、個人情報を守秘しつつ3か国で若年層に焦点を当てた調査を行うために、ウェブ・モニター調査を用いた。ただし分析にあたっては、偏りによる影響に十分注意しつつこれを行う。

なお転職意向について分析する際は、今後就業しない可能性があり、転職意向と就業意向を十分に区別しづらいと考えられる専業主婦・主夫のケースを除いて分析する（結果として、日韓米それぞれのケース数は487, 489, 473となった）。また転職経験について分析する際も、就業経験がない者を分析から除くため、また転職を伴わない就業中断により転職をする可能性が低くなるという影響を除くため、現在就業中の者に対象を限定して分析を行った（結果として日韓米それぞれのケース数はそれぞれ、205, 205, 298となった。）

（2）分析の方法

本稿では、以上のデータを用い、転職意向、そして転職経験をそれぞれ目的変数とした二項ロジスティック分析を国ごとに行う。特に注目するのは、各国で、「オルタナティブ性」、「オリジナルな仕事志向」、そして「自身について熟慮する頻度」が、目的変数である転職意向、および転職経験とどのように関連しているか、である。

各説明変数の影響については、浅野・矢内（2018）やLong & Freese（2014）に従い、平均限界効果（Average Marginal Effect, AME）を主に検討する。ある説明変数の平均限界効果とは、全ケースについて、他の説明変数の値を実測値に固定した上で、当該説明変数を増加させた際に目的変数の値が1となる確率がどの程度変化するかを計算した上で、その平均をとったものを指す。なお本稿では、説明変数を1単位分増加させた際の（例えば年齢であれば1歳分、また「自身について熟慮する頻度」については、例えば「あまりない」から「ときどきある」、あるいは「ときどきある」から「よくある」など1段階分変化した際の）、予測確率の変化量を示す。なお分析対象が母集団からの無作為抽出に基づく標本ではないため、回帰係数の検定結果は参考程度にのみ記載する。

また紙幅の都合上すべてを記載できないが、対象者の属性（性別、婚姻状況、就業の有無、教育歴）ごとに平均限界効果を計算し、対象者の属性による差がみられた項目についてはこれを記す。

(3) 変数の設定と記述統計量

目的変数には、転職意向と転職経験をそれぞれ用いる。転職意向については、転職を今後「したい」か「したくない」かのいずれかを選択する質問で、「したい」場合を「1」,「したくない」場合を「0」とするダミー変数を用いる。転職経験については「経験あり」を「1」、「経験なし」を「0」とするダミー変数を用いる。

説明変数として、オルタナティブ性については、「自身を進歩的とみなす」程度（4件法で数値が高いほど進歩的、低いほど保守的）[6]、「行ったことのある外国の数」[7]の2つの変数を用いる。またオリジナルな仕事志向については「自分にしかできないような仕事や活動がしたい」程度（4件法で尋ね、「そう思う」を「3」、「そう思わない」を「0」とした）を用いる。「自身についての熟慮」については「自分についてじっくり考える頻度」(4件法で尋ね、「よくある」を「3」,「まったくない」を「0」とした）を用いる。

ほかに統制変数として、年齢、性別と婚姻状況を組み合わせたカテゴリー（未婚男性を基準として、既婚男性ダミー、未婚女性ダミー、既婚女性ダミーをそれぞれ投入)、大学在学歴ダミー[8]、暮らし向きの苦しさ（5件法、苦しいほど数値が高い)、知り合いの数（人数)[9]、地域への定住志向（4件法、高いほど定住志向が強い)[10]、を投入する。また転職意向を目的変数とする分析については、現在就業ダミー[11]、転職経験ダミーを投入する。

国ごとにみた、各変数の記述統計量は**表1**の通りである。また、転職経験の分析に用いる有業者のみの記述統計量は**表2**の通りである。
表1より、専業主婦・主夫を除いた対象者のうち転職意向を有する者の割合を国ごとに比べると、日本では28%であるのに対し、韓国と米国ではそれぞれ、44%、52%と、日本よりも高いことがわかる。また表2より、有業者のうち転職経験がある者の割合も、日本の33%に対し、韓国と米国はそれぞれ46%、65%に上る。韓国や米国では日本よりも転職が生じやすい傾向がみられる。

表1　記述統計量（専業主婦・主夫を除いた全体）

	日本(n=487)				韓国(n=489)				米国(n=473)			
	平均値	標準偏差	最小値	最大値	平均値	標準偏差	最小値	最大値	平均値	標準偏差	最小値	最大値
転職意向	0.28	0.45	0	1	0.44	0.50	0	1	0.52	0.50	0	1
転職経験	0.17	0.37	0	1	0.30	0.46	0	1	0.53	0.50	0	1
年齢	22.32	4.06	16	29	23.21	3.69	16	29	23.18	4.16	16	29
女性ダミー	0.49	0.50	0	1	0.50	0.50	0	1	0.53	0.50	0	1
既婚ダミー	0.27	0.44	0	1	0.34	0.47	0	1	0.55	0.50	0	1
大学在学歴ダミー	0.47	0.50	0	1	0.58	0.49	0	1	0.38	0.49	0	1
現在就業ダミー	0.42	0.49	0	1	0.42	0.49	0	1	0.63	0.48	0	1
暮らし向きの苦しさ	2.08	1.03	0	4	1.71	1.06	0	4	1.35	1.16	0	4
知り合い数	19.94	47.59	0	500	26.22	62.00	0	500	12.82	48.13	0	900
地域定住志向	1.50	0.91	0	3	1.96	0.91	0	3	1.91	1.05	0	3
進歩的	1.19	0.87	0	3	1.48	0.89	0	3	1.82	1.08	0	3
行った外国の数	0.76	1.57	0	12	1.82	1.97	0	7	1.19	1.48	0	7
自身について熟慮する頻度	1.66	0.85	0	3	2.11	0.84	0	3	2.21	0.87	0	3
自分にしかできない仕事志向	1.66	0.85	0	3	2.19	0.75	0	3	2.12	0.89	0	3

表2　記述統計量（有業者のみ）

	日本(n=205)				韓国(n=205)				米国(n=298)			
	平均値	標準偏差	最小値	最大値	平均値	標準偏差	最小値	最大値	平均値	標準偏差	最小値	最大値
転職意向	0.41	0.49	0	1	0.58	0.49	0	1	0.50	0.50	0	1
転職経験	0.33	0.47	0	1	0.46	0.50	0	1	0.65	0.48	0	1
年齢	25.36	2.90	16	29	25.19	2.97	16	29	25.07	3.54	16	29
女性ダミー	0.52	0.50	0	1	0.44	0.50	0	1	0.49	0.50	0	1
既婚ダミー	0.43	0.50	0	1	0.50	0.50	0	1	0.71	0.45	0	1
大学在学歴ダミー	0.49	0.50	0	1	0.63	0.48	0	1	0.50	0.50	0	1
暮らし向きの苦しさ	2.14	1.06	0	4	1.67	1.07	0	4	1.05	0.99	0	4
知り合い数	15.29	43.25	0	500	24.86	65.18	0	500	15.51	58.90	0	900
地域定住志向	1.53	0.96	0	3	1.99	0.87	0	3	2.04	0.97	0	3
進歩的	1.30	0.87	0	3	1.43	0.86	0	3	1.94	1.06	0	3
行った外国の数	1.15	2.01	0	12	2.18	2.05	0	12	1.50	1.58	0	7
自身について熟慮する頻度	1.58	0.85	0	3	2.13	0.77	0	3	2.18	0.88	0	3
自分にしかできない仕事志向	1.58	0.86	0	3	2.12	0.75	0	3	2.12	0.92	0	3

4．結果

(1) 転職意向と自己意識の関連の比較分析

転職意向を目的変数とする二項ロジスティック分析を行った結果を国別に示したのが**表3**である。

表3　転職意向を目的変数とする二項ロジスティック分析

		日本			韓国			米国		
		B	AME		B	AME		B	AME	
年齢		0.02	0.00		0.04	0.01		-0.11	-0.03	**
性別×婚姻形態	既婚男性	0.89	0.15	*	-0.55	-0.11	†	0.57	0.13	†
（基底：未婚男性）	未婚女性	0.34	0.05		0.06	0.01		0.47	0.11	
	既婚女性	0.37	0.06		-0.06	-0.01		0.35	0.08	
大学在学歴ダミー		0.22	0.04		0.24	0.05		-0.23	-0.05	
現在就業ダミー		0.70	0.11	*	0.68	0.15	**	0.16	0.04	
転職経験ダミー		1.16	0.21	**	1.36	0.31	**	0.83	0.19	**
暮らし向きの苦しさ		0.02	0.00		-0.09	-0.02		0.05	0.01	
知り合い数		0.00	0.00		0.00	0.00		0.00	0.00	
地域定住志向		-0.36	-0.05	**	-0.05	-0.01		-0.21	-0.05	*
進歩的		0.24	0.04	†	-0.07	-0.01		0.13	0.03	
行った外国の数		0.19	0.03	*	0.04	0.01		0.00	0.00	
自身について熟慮する頻度		0.51	0.08	**	0.26	0.06	*	0.03	0.01	
自分にしかできない仕事志向		0.30	0.05	†	0.15	0.03		0.32	0.07	**
定数		-3.93	—	**	-2.55	—	*	1.12	—	
n			487			489			473	
LL			-231.06			-293.03			-302.49	
Nagelkerke R^2			0.30			0.21			0.13	

**: $p<.01$, *: $p<.05$, †: $p<.10$, AMEは、他の説明変数を実測値に固定し当該説明変数が1単位量増加した際の平均限界効果。

まず日本の転職意向と、自己意識関連の変数の関連をみる。オルタナティブ性に関して、予想通り、自身を「進歩的」とみなす程度、「行った外国の数」と、転職意向の間に正の関連がみられた。他の説明変数の値を固定した上で、「進歩的」である程度が1段階増加すると転職意向を有することの予測確率は平均して0.04増加し、行ったことのある国の数が1か国増加すると転職意向を有することの予測確率は平均して0.03増加する。また「自分にしかできない仕事志向」も、転職意向と正の関連を有しており、1段階分増加すると、転職意向を有することの予測確率は0.05増加する。なおいずれの項目も、有業者、既婚者、女性、大学在学歴がある者の方が平均限界効果が高かったが、差は小さかった[12]。

「自身について熟慮する頻度」も転職意向と関連があり、1段階分増加すると転職意向を有することの予測確率は0.08増加する。なお有業者や既婚者の方が平均限界効果が高い傾向（就業中0.10に対し非就業0.08、既婚者0.10に対し未婚者0.08）がみられた。

また、現在就業している方が、そして転職経験を有する者の方が、転職意向を有しやすかった。ほか、地域定住志向が強いほど転職意向を有しづらく、未婚男性と比べ特に既婚男性は転職意向を有しやすかった。大学在学歴と転職意向の間の関連は小さく、年齢、暮らし向き、知り合い数と転職意向の間の関連はみられなかった。

したがって、日本では予想通り、オルタナティブ性、オリジナルな仕事志向、自身についての熟慮は、転職意向と関連していた。では日本で見られた意識項目と転職意向の関連は、韓国や米国でも同様にみられるだろうか。解釈の参考とするため各国の労働市場の特徴とそれに基づく予想を紹介した上で、実際の結果を検討する。

韓国の労働市場全体の特徴として、企業規模間や学歴間の格差が大きいこと(有田 2009; 服部 2005)、大企業に勤務する者の有職者に占める割合が低いこと(有田 2009; 韓国統計庁 2024)、そして日本以上に高い移動率（金 2011）が挙げられる。若年者に限ると、四年制大学卒業10か月後の就業率は63.3％と低く（韓国教育部産業協力雇用政策課 2020)、他の年代と比べた20代の失業率の比率も日本より高い（上村 2015: 173-6）など雇用の不安定性が明らかにされている。

転職経験の日韓比較を行った林（2009）でも、労働力の流動性が日本より高いことが示されている。さらに、日本ではみられなかった、高卒以下の方が短大卒以上よりも、そして下層ホワイトカラーやブルーカラーの方が上層ホワイトカラーと比べ転職経験を有しやすいという傾向が韓国にはあるという。前職従業先規模が小さいほど転職経験を有しやすくなる傾向も日本より強い。日本と比べ、不安定で条件が悪い仕事に就きやすい層に転職者が多く偏っていることが明らかにされている。

こうした中で、転職意向と「オルタナティブ性」や「オリジナルな仕事志向」、「自身についての熟慮」との関連は弱いと予想される。つまり日本と比べ、転職が若年者にとってより一般的である中で「オルタナティブ性」や「自身についての熟慮」との関連はなく、また経営の不安定性や待遇の悪さなど仕事内容以外の理由による転職も多い中で、「オリジナルな仕事志向」との関連もより弱いと予想される。

では実際はどうだろうか。表3をみると、予想通り、オルタナティブ性を示す「行ったことのある国の数」、自身を「進歩的」とみなす程度と、転職意向との間の関連はみられなかった。日本と比べ、転職が一般的である中で関連が生じなかったと考えられる。

一方、他の変数を統制した際、「自身について熟慮する頻度」が多いほど、転職意向を有しやすかった（平均限界効果は0.06)。これは、転職が一般的だとしても必ずしも上昇移動を伴わないことによると考えられる。韓国では転職が社会的に不利な立場にいる者に多くみられる中で、転職意向を有する者が自身のキャリア上のリスクを考えている可能性がある[13]。

また「自分にしかできない仕事や活動をしたい」ことと転職意向との間に弱い関連がみられた（平均限界効果は0.03)。他国との程度の差はあるものの、「オリジナルな仕事志向」が自発的な転職意向に結びつく傾向は一定程度国を越えた一般的なものである可能性がある。

ほか、現在就業している方が、また転職経験を有する者の方が転職意向を有しやすく、既婚男性が未婚男性と比べ転職意向を有しづらかった。年齢、大学在学歴、暮らし向き、知り合いの数、地域定住意向と転職意向の間には関連がみられなかった。またモデルの当てはまりの程度を示す疑似決定係数の値は日本と比べて低く、当てはまりが悪かった。

続いて米国について検討する。米国では転職は、日本や韓国より一般的で、賃金上昇を伴いやすいものとなっている[14]。Topel & Ward（1992）は、男性労働者がキャリア初期の10年間で平均して6回、生涯を通じて平均9回転職することを明らかにしている。意識面でも、渡辺（2014）は、日本と比べ米国の労働者の定着規範が弱いことを明らかにしている。さらに転職を支えるサービスも多く存在するという（宮本2018)。

転職の多さの背景にあるのが、雇用規制の弱さと賃金上昇機会の多さ（向山2022; 宮本2018 ; Topel & Ward 1992）である[15]。2、30代大卒者の多国間比較をした萩原（2014）は、日本では転職前後で賃金が増えた割合が男性で40.6%、女性で28.3%、韓国では男性で53.8%、女性で53.6%だったのに対し、米国では男女ともに約65%に上ることを明らかにしている。また米国では男性のみであるが、転職をした方が管理職になりやすいのに対し、日本では男女とも逆に管理職になりづらくなるという。

こうした中、米国では日本と比べ、「オルタナティブ性」、「自身についての熟慮」と転職意向や転職経験の間の関連が、弱いのではないかと予想される。つまり転職が社会でより一般的である中で、「オルタナティブ性」や「自身についての熟慮」との関連は弱いと考えられる。一方、転職が上昇移動の機会となることが多く、転職を通じた個人の自律的なキャリア追求を称揚する文化や支援サービスもある中で、「オリジナルな仕事志向」との関連は日本と変わらず生じると予想される。

表3の米国の結果をみると、他の変数を統制した際、「自分にしかできない仕事や活動をしたい」ほど転職意向を有しやすい傾向がみられた（平均限界効果は0.07)。また「自身について熟慮する頻度」、「行ったことのある国の数」と、転職意向の間の関連はほとんどみられなかった。一方、予想と異なり、「進歩的」である方が転職意向を有しやすい傾向がみられた（平均限界効果は0.03)。米国で転職がキャリアの発展や新しいスキルの習得の機会と結びつきやすく、それが進歩的な者に好まれたことによる可能性が考えられる。

ほか、年齢が低いほど、地域定住志向が低いほど転職意向を有しやすく、未婚男性と比べ既婚男性が転職意向を有しやすかった。他の2か国と同様、現在就業している者や転職経験がある者も転職意向を有しやすかった。モデルの当てはまりは3か国で最も悪い。

3か国の結果をまとめると、事前に予想された通り、日本では韓国や米国と比べて、「オルタナティブ性」と転職意向の関連の程度はより大きかった。日本の転職率が韓国や米国と比べて低い中で、社会の「主流」を相対化する契機を有していたり、それを当人も認識していることによると考えられる。ただし自身を「進歩的」とみなす程度の関連については、米国との差は小さかった。

「オリジナルな仕事志向」については、キャリアの自律的追求や好条件の職に就く手段としての転職が一般的な米国や、仕事内容を理由とした転職の多い日本で、雇用が不安定で社会でより不利な層に転職が多くみられる韓国よりも強い関連がみられた。ただし韓国でもより弱いながら一定の関連がみられ、あくまで関連の程度の差である点には注意する必要がある。

「自身について熟慮する頻度」は、日本と韓国で転職意向と関連がみられた。これは、転職が必ずしも上昇移動を伴わない中での転職のキャリア上のリスクの大きさによると考えられる。日本の場合、3か国中転職率が最も低く、かつ転職に「我慢が足りない」等のネガティブなイメージも生じうる中で、また韓国では転職が社会的に不利な立場にいる者に多くみられる中で、関連が生じたと考えられる。これに対し米国では、社会での転職の頻度が最も高く、また転職が上昇移動とも結びつきやすい中でネガティブなイメージやリスクの意識が弱く、自己についての熟慮との関連が生じづらかったと考えられる。

関連して、米国でのみ年齢が若いほど転職意向を抱きやすく、現在就業中であることの影響が小さかったのに対し、日韓では年齢の影響がみられず、現在就業中の方が転職意向を有しやすくなるという結果がみられた。これは日韓で在学中から積極的に将来の転職を考えるよりも、就業後に職場への不満等を契機として転職意向を抱くようになる場合が多いのに対し、米国では在学中からすでに転職を前向きに考えていることによる可能性があり、これも転職が上昇移動の手段として広く認識されていることと関連している可能性がある[16]。

(2) 転職経験と自己意識の関連の比較分析

次に有業者に限定して、転職経験を有する者の傾向を国ごとに探った。二項ロジスティック分析の結果は**表4**の通りである。

まず日本では、「自身について熟慮する頻度」と、転職経験の間に正の関連がみられた（平均限界効果は0.11。なお既婚者は0.12, 未婚者は0.10と既婚者の方が若干効果が大きかった）。

また自身を「進歩的」とみなす程度が高い者の方が転職経験を有しやすかった（平均限界効果は0.06）。そして「自分にしかできない仕事や活動をしたい」者の方が転職経験を有しやすかったが、平均限界効果は0.03と転職意向の場合と比べ小さい。「行った外国の数」と転職経験との間には関連がみられなかった。ほか、年齢が高いほど、既婚女性である方が、そして大学在学歴がない方が転職経験を有しやすい傾向がみられた。

表4　転職経験を目的変数とする二項ロジスティック分析

		日本			韓国			米国		
		B	AME		B	AME		B	AME	
年齢		0.16	0.03	*	0.13	0.03	*	0.00	0.00	
性別×婚姻形態	既婚男性	-0.01	0.00		-0.12	-0.03		0.94	0.22	*
（基底：未婚男性）	未婚女性	-0.22	-0.04		-0.16	-0.04		0.31	0.08	
	既婚女性	0.66	0.14		0.15	0.04		1.00	0.23	*
大学在学歴ダミー		-0.40	-0.07		-0.76	-0.17	*	-0.04	-0.01	
暮らし向きの苦しさ		-0.07	-0.01		-0.03	-0.01		0.13	0.03	
知り合い数		0.00	0.00		0.00	0.00		0.01	0.00	
地域定住志向		-0.14	-0.03		-0.04	-0.01		-0.04	-0.01	
進歩的		0.28	0.06		0.10	0.02		-0.11	-0.03	
行った外国の数		0.06	0.01		0.13	0.03	†	0.08	0.02	
自身について熟慮する頻度		0.53	0.11	*	0.22	0.05		0.26	0.05	†
自分にしかできない仕事志向		0.17	0.03		-0.37	-0.08	†	0.05	0.01	
定数		-6.09	—	**	-2.93	—	†	-0.83	—	
n			205			205			298	
LL			-115.58			-132.64			-184.26	
Nagelkerke R^2			0.18			0.11			0.08	

**: $p<.01$, *: $p<.05$, †: $p<.10$, AMEは、他の説明変数を実測値に固定し当該説明変数が1単位量増加した際の平均限界効果。

転職意向と比べ、転職経験の場合「行った外国の数」や「自分にしかできない仕事や活動をしたいかどうか」との関連がより弱いことは、実際の転職理由は多様であり、仕事内容だけでなく、勤務先の問題、家庭の事情、体調不良なども含まれること（厚生労働省 2020; 労働政策研究・研修機構 2007: 40-2; 渡辺 2014）により主に説明されると考えられる。一方で、自身を「進歩的」ととらえる程度の高さと転職経験は関連しており、たとえ仕事内容以外の理由であったとしても、転職がキャリア上の不利になるリスクが高い中で転職をすることが進歩性と結び付けてとらえられやすいと考えられる。また「自身について熟慮する頻度」との間の関連も、転職のリスクを意識して、あるいは転職活動の際に自身のこれまでや今後のキャリアについて語ることを求められやすく、そのための自己分析を経験しやすい中で、関連がみられたと考えられる。

韓国では、「自分にしかできない仕事や活動をしたい」ことと転職経験の間で負の関連がみられた（平均限界効果は-0.08)。これは、転職を経ない場合の方が職務にフィットしていたり、条件が良い職に就いている場合が多く、逆に転職をする方が条件が悪かったり生活上の必要により転職をせざるを得ないことが多いことによると考えられる。大学教育歴との関連も同様の要因によると考えられる。

一方、行ったことのある国の数と転職経験の間には正の関連がみられた（平均限界効果は0.03)。解釈が難しいが、日本や米国と比べ国際経験が転職市場で評価されやすく、プル要因による転職が生じるのかもしれない。ほか、年齢が高い者の方が転職を経験していた。性別や婚姻形態、暮らし向き、知り合いの数、地域定住志向との間に明確な関連はみられなかった。モデルの当てはまりは日本よりも悪い。

米国では「自身について熟慮する頻度」と転職経験の間で正の関連がみられた(平均限界効果は0.05)。これは、米国でも実際に転職する際はリスクを意識したり、求職活動のプロセスで採用担当者や紹介者に自身のパーソナリティやキャリア・イメージについて説明したりそのための準備を経験すること（Sharone 2013）による可能性が考えられる。

一方、転職意向については関連がみられた「自分にしかできない仕事や活動をしたいこと」、自身を「進歩的」とみなすこととの間には関連がみられなかった。これは米国で自発的理由による転職だけでなく、契約満了や解雇などによる非自発的転職も多いこと（Borghans & Golsteyn 2012）によると考えられる。ほか、男女ともに既婚者の方が転職経験を有している傾向がみられた。年齢、大学在学歴、暮らし向きの苦しさ、知り合い数、地域定住意向、行ったことのある国の数との間に関連はみられなかった。転職意向の場合と同様、モデルの当てはまりは3か国で最も悪い。

まとめると、まず3か国ともモデルの適合度が低く、実際の転職が非自発的なものも含む多様な理由によりなされている中で、意識関連項目との関連は弱かった。唯一、自身についての熟慮はいずれの国でも転職経験と関連していたが、特に関連が強かったのは日本だった。これは主に日本での転職の少なさやキャリア上の不利につながるリスクの大きさによると考えられる。ほか、韓国でオリジナルな仕事志向と転職経験の間の負の関連がみられたことや、米国でも正の関連が生じなかったことも、非自発的な転職が含まれることにより説明されうる。こうした中、日本は「進歩的」や「オリジナルな仕事志向」との関連が弱いながらみられるなど、転職の持つ意味付けの特殊性がうかがえる面もあるが、転職意向ほど明瞭ではない。

ほかに3か国の比較では、韓国や日本で大学在学歴がない方が転職経験があるのに対し、米国ではそのような関連はみられないことや、韓国と日本では年齢が高いほど転職経験を有していたが米国では関連がみられないことは、先行研究で挙げられている、米国で若年者の転職が一般的で幅広い層にみられるという知見（Topel & Ward 1992; Sicherman & Galor 1990）や、韓国では特に低学歴層で転職が多いという知見（林 2009）と一貫している。

性別と婚姻形態については、米国で、男女とも未婚者よりも既婚者の方が転職経験を有しやすい傾向がみられた。結婚や出産に伴うニーズの変化に対応して、あるいは配偶者の収入があることで転職に踏み切りやすくなっている可能性が示唆される。これに対し日本では、ジェンダー差を示唆する結果となっており、既婚女性が男性や未婚女性と比べ転職経験を有しやすかったのに対し、既婚男性と未婚男性の間ではほぼ差がみられなかった。離職理由を分析した神林・竹ノ下（2009）は、日本で女性のみにおいて「家庭の事情」を理由とした離職が多いことを明らかにしており、本調査でもこの理由の転職が既婚女性に多く生じたことが原因と考えられる。韓国でも既婚女性が転職経験を有しやすい傾向がみられたが、その効果は日本よりも小さく、これは未婚者の転職の多さによるものとして解釈できる。

5．結論

本稿は、若年者の転職意向および転職経験と、自己意識の関連について、3か国のデータをもとに探った。以下、得られた知見を要約するとともに、導かれる示唆について論じる。

第1に、転職意向についての分析の結果、予想通り、日本では、オルタナティブ性、オリジナルな仕事志向、自身についての熟慮が、転職意向と関連していることが明らかになった。このことは、転職を肯定的にとらえる見方が生じてきている2023年時点でも、日本の若年者において転職がまだ「主流」に対するオルタナティブとしてとらえられたり、「自分らしさ」と結びつけてとらえられたりしやすいことを示している。

第2に、韓国および米国では、日本で見られるこのような関連が、部分的にしか見られないことが明らかになった。転職意向との関連で、韓国ではオルタナティブ性との関連がみられず、米国では自身についての熟慮および行った外国の数との関連がみられなかった。この違いは各国の労働市場と関連づけて理解できる。すなわち、韓国では転職が一般的かつ社会的に不利な層でより多く見られる中、オルタナティブ性との関連が生じなかったと考えられる。また米国では、より条件の良い仕事に就く手段として転職が広くみられる中、自身についての熟慮や行った外国の数とは関連が生じなかったと考えられる。日本では、中小企業の雇用吸収力が高く、またその待遇や雇用の安定性がより高い中で、転職が「敢えて」するものとしてとらえられ、生計を維持するというより、自身について熟慮し、自分にしかできない仕事や活動を求める志向や、社会の主流におけるオルタナティブなあり方と関連してとらえられていると解釈される。それは、日本の若年者にとって転職が、雇用の安定を捨てるというネガティブな意味と、自分らしさの追求というポジティブでありつつもある程度厳しい前提が要求されるという、意識面でのハードルを伴うことを示唆するものである。

第3に、日本の転職経験の規定要因について、転職意向と比較しつつみる中で、自身について熟慮する頻度や、自身を進歩的とみなす程度と転職経験の間の関連がみられた一方で、行ったことのある国の数や、オリジナルな仕事志向と転職経験の間の関連が小さいことが明らかになった。自身について熟慮する頻度や、自身を進歩的とみなす程度との関連は、転職が一般的でなくリスクを伴う社会の特徴を表していると考えられるが、行ったことのある国の数や、オリジナルな仕事志向と転職経験の間の関連が、転職意向と比べ小さなものにとどまったことは、実際の有業者の転職経験が、より多様な理由になされていることによると考えられる。家庭の事情などの自発的理由や、勤務先の問題などの非自発的理由による転職者がいる中で、転職者にかんする一般の言説にみられる「意識が高い」「自分らしさを重視する」といった描写は一部の転職者を強調して描いていると考えられる。

こうした中、キャリア教育等で転職の実態を幅広く伝えることにより、転職に対する過剰な心理的ハードルを低めたり、あるいは逆に不満が生じるリスクを正確に伝達し、納得いく選択をしやすくする余地があると考えられる。「自分らしさの重視」や「意識が高い」といった、当人の個性と結びついた言説は確かに転職についてのポジティブなイメージを抱かせるかもしれないが、しかしそれは同時に、「自分とは異なる特殊な人がすること」ととらえさせ転職へのハードルを上げたり、他の転職の形をイメージしづらくさせたりしていないだろうか。例えば、私生活の事情に応じて望む労働条件の職に移るなど、オリジナルな仕事志向やオルタナティブ性が高い転職者像に限定されない多様な転職の実態[17]について伝えることを通じ、組織への不満や不適合が生じていても我慢せざるを得なかったり、あるいは逆にロール・モデルがなくリスクが把握できない中でうまくいかない転職をしてしまったりすることを防ぎやすくなると考えられる[18]。

これらの知見を通じ本稿は、第1に、日本の若年者の自発的転職の限定性の文化的側面を、他国との対比のもと明らかにした点で、労働・キャリアの比較社会学や、転職と個人の意識の関連を問う研究、そして転職の促進をめぐる議論やそれと関連するより広い転職研究に対し貢献する。第2に、転職意向と転職経験の自己意識との関連の比較を通じ、言説などのイメージと実際の転職の規定要因のズレを明らかにし、自己実現などと結び付け転職を称揚する言説が広まっても転職者が増えない理由やキャリア教育に対する実践的示唆を提供した。

本稿の結果と貢献は上記の通りであるが、他方で以下に述べる限界と研究課題が残されている。第1に、使用データとの関連で、就業形態、企業規模、その他組織の特徴を分析に組み入れることができなかった。それらの要因が、個人の意識と転職意向・転職経験との間の関連にどのような影響を及ぼすのかについては、それらを含むデータを用いてさらに検討を進める必要がある。

第2に、一時点のデータを用いたため、個人間の違いに分析を集中しており、個人内の変化（例えば転職を経験することで意識がどう変わるのか、等）については分析できなかった。これについてはパネルデータを用いることで分析できるだろう。

第3に、一時点のデータを用いたことは、個人内だけでなく社会における変化をとらえきれないことと結びついており、今後、今回と同様の調査を継続的に行い、変化を追っていくことも課題である。日本では転職の促進に向けた政府による施策が打ち出されるとともに、民間の転職媒介事業も脚光を浴びており、労働市場や、労働市場と結びついた文化のあり方がさらに変化していく可能性も考えられる。継続的に調査を行い、本稿の結果と比較することで、強固とされる日本の労働市場や労働にかかわる文化はどの程度変化しうるのか、という興味深い問いにアプローチしていくことも可能と考えられる。

〔付記〕 本稿はJSPS科研費19H00606および23K12623の研究成果の一部である。また大変有益なコメントを下さった匿名の査読者に感謝申し上げたい。

〔注〕

1　調査対象の違いはあるが、日本では、業種別では、飲食業で転職意向や転職行動が生じやすく（厚生労働省 2023; 相澤 2008）、職種別では、営業職で転職経験を有する者が多いこと（勇上 2001）が明らかにされている。正規雇用の場合、勤続年数が短く過去の転職経験がある者ほど離転職意欲を抱きやすいことも示されている（戸田 2016; 魚住 2019）。職場環境については、上司との対人関係スタイルのズレ（安田 2008）、評価制度への不満（王 2020）が転職意向を高めること、大企業や正規雇用の場合に仕事・職場環境要因が転職意向に影響しやすいのに対し、中小企業や非正規雇用の場合に賃金や訓練機会が影響しやすいこと（魚住 2019）が示されている。家庭状況については、女性の場合子供がいる方が転職意向を有しづらいこと（相澤 2008）、子供がいる場合に妻が正規雇用であることは夫の転職意向を高めること（大嶋 2018）が明らかにされている。

2　人的つながりを通じた転職では他の経路と比べ、収入増加（渡辺 2014）、非正規雇用から正規雇用への移行（福井 2017）、転職先での高い満足度（玄田 2004; 守島 2001）が生じやすいことが明らかにされている。

3　ジェンダーの観点では、管理職、専門技術職の男性が前職と類似する仕事に転職しがちなのに対し、同じ職種の女性の場合、前職と異なる仕事に転職する場合がより多いこと

（小松 2022）が明らかにされている。

4　それは、例えば産業・職種などを横断してみられる転職の少なさの要因の説明を提供するが、一国内の産業・職種・組織の特徴ごとの転職動向の比較をしてきた既存研究では十分にとらえられない点であり、他国間の比較が必要とされる。

5　参考になる結果として、山本（2008: 187-98）は、企業の人事管理でキャリア自律を重視することには、職務満足を高め離転職意思を下げる効果と、組織間キャリアへの自己効力感を高め離転職意思を高める効果の両方があることを明らかにしている。

6　「あなたの性格は、以下のそれぞれの言葉のどちらに近いですか」を４件法で尋ね、「進歩的」を「3」、「保守的」を「0」とした。

7　「あなたは次の中で、行ったことがある国がありますか。次の中から、あてはまるものをすべてお選びください（いくつでも）」と尋ね、日本、米国、メキシコ、中国、韓国、台湾、タイ、ベトナム、オーストラリア、カナダ、フランス、イギリス、ロシア、「その他」から、自国を除き、選択した個数を加算した（「その他」は１つとして数えた）。

8　「あなたがこれまで通ったことのある学校はどれですか」（在学中や中退も含みます）について「大学」（短大・高専、Junior College 等、２年制とは区別したので、基本的に４年制を指す）を選択した場合を「１」、選択しなかった場合を「0」とした。対象者の年齢を踏まえ、在学中の者を含むことができるようにしたが、転職をしやすいとされる中退者を含む点には注意が必要である。

9　「あなたとつきあいのある友だちを、親しさの度合いによって『親友』『仲のよい友だち』『知り合い程度の友だち』に分けるとすると、それらはそれぞれ何人いますか。」の「知り合い程度の友だち」の人数を用いた。「知り合い程度の友だち」を用いたのは、分散が大きく、統制したい個人の性格や転職の情報の得やすさに関連しやすいと考えられたからである。ただしこれを「親友」「仲のよい友だち」「種別にかかわらない友人数合計」に入れ替えて行った分析でも、結果はほぼ変わらなかった。

10　「現在住んでいる地域に今後も住み続けたい」が自身についてあてはまる程度を４件法で尋ね、「そうだ」を「3」、「そうではない」を「0」とした。

11　「あなたは現在、お仕事をしていますか。生徒・学生の方は、アルバイトをしている場合でも生徒・学生をお選び下さい」について「有職（パート・アルバイトを含む）」を選択した場合を「１」,「生徒・学生」「無職」を選択した場合を「０」とした。

12　「進歩的」の平均限界効果は、就業中のみ 0.044, 非就業のみ 0.033、既婚のみ 0.045, 未婚のみ 0.035、女性のみ 0.041, 男性のみ 0.035、大学以上のみ 0.040, 高校未満のみ 0.036、「行った外国の数」の平均限界効果は、就業中のみ 0.036, 非就業のみ 0.026、既婚のみ 0.036, 未婚のみ 0.028、女性のみ 0.033, 男性のみ 0.028、大学以上のみ 0.032, 高校未満のみ 0.029、「自分にしかできない仕事」の平均限界効果は、就業中のみ 0.056, 非就業のみ 0.042、既婚のみ 0.057, 未婚のみ 0.045、女性のみ 0.052, 男性のみ 0.045、大学以上のみ 0.051, 高校未満のみ 0.046、であった。

有業者や既婚者の方が平均限界効果が大きい理由としては、学生や未婚者における安定志向により関連が抑制されることや、初職で自分らしい仕事ができないことにより転職意向が生じることが考えられる。女性の方が平均限界効果が大きい理由として、経済的条件よりもやりがいなど仕事内容を理由とした転職が多いこと（杉浦 2015）があると考えられる。大学在学歴がある者の平均限界効果が大きいことは、仕事内容や「よい仕事」を理由とした転職が大卒の方が多いこと（神林・竹ノ下 2009; 萩原 2014）との関連で理解できる。

13　ほかに本分析で統制されていない、自身についての熟慮を促す何らかの要因（健康上の問題など）の影響が加わっている可能性もある。

14　ただし米国で、若年期の長期雇用の有利さについての知見もあり（Neumark 2002)、実際に若年者が転職をどのように意味づけているかについては、経験的データに基づいた検討が必要とされる。

15　採用が部署の必要に応じて通年でなされることや、転職が社会で一般的になる中で、移動する労働者等を通じ転職に関する情報伝達がなされやすくなることによる影響も指摘されている（宮本 2018; 渡辺 2014: 48-51)。

16　ほか、地域定住志向については日本と米国で転職意向と負の関連が見られたのに対し、韓国では関連が見られなかった。韓国ではソウル市に人口が集中していることや、大企業従業員の割合が低いことで（有田 2009; 韓国統計庁 2024)、転職が必ずしも地域外への移動と結びつけられず地域内の中小企業間での移動も想定されることが多いのに対し、日本や米国では自分が望む仕事を目指す際に地域移動することがイメージされやすい可能性が考えられる。

性別と婚姻形態については、日本と米国で、未婚男性と比べ既婚男性の方が転職意向を有しやすい傾向がみられた一方、韓国では逆の関連が見られた。この解釈は難しいが、日本と米国については、結婚や子供の誕生に伴う私生活上の変化により、あるいは妻の収入がある場合に夫が留保賃金を柔軟に設定しやすくなることにより（大嶋 2018)、転職意向が生じやすくなった可能性がある。韓国のみ逆の結果となった理由としては、未婚男性のうち長期雇用され（転職意向を有しづらくな）る者の割合が日本と比べ低いこと（韓国教育部産業協力雇用政策課 2020)、専業主婦がより多い（瀬地山 2011）中で転職意向を有する既婚男性の割合が抑えられたことが組み合わさった可能性が考えられる。

17　先行研究では「仕事内容」以外で「労働時間」「給与」を理由とした転職でも不満は解消され満足度が高くなること（中村 2001）や、勤務先の倒産を理由とした転職でも、転職後の満足度が下がるわけではない（玄田 2004: 69; 守島 2001: 153-4）ことが明らかにされている。

18　もちろん併せて、転職に伴うリスクに対するセーフティネットの整備といった、構造的条件に対する取り組みも重要と考えられる。

〔参考文献〕

安藤りか（2019)『転職の意味の探求――質的研究によるキャリアモデルの構成』北大路書房。
相澤真一（2008)「誰が仕事をやめたがっているのか――重要なのは職場環境か、それとも家庭か？」『東京大学社会科学研究所パネル調査プロジェクトディスカッションペーパーシリーズ』No.14。

有田伸（2009）「比較を通じてみる東アジアの社会階層構造――職業がもたらす報酬格差と社会的不平等」『社会学評論』59(4)、663-81頁。

浅野正彦・矢内勇生（2018）『Rによる計量政治学―統計学で政治現象を分析する』オーム社。

Borghans, L. and Golsteyn, B. H. H. (2012) "Job Mobility in Europe, Japan and the United States," *British Journal of Industrial Relations*, 50(3): 436-56。

福井康貴（2017）「入職経路の個人内効果――非正規雇用から正規雇用への転職のパネルデータ分析」『ソシオロジ』61(3)、23-39頁。

玄田有史（2004）「『幸福な転職』の条件――重要なウィークタイズ」佐藤博樹編著『変わる働き方とキャリア・デザイン』勁草書房、57-86頁。

萩原牧子（2014）「若年転職行動の国際比較研究」大阪大学大学院国際公共政策研究科博士論文。

服部民夫（2005）『開発の経済社会学――韓国の経済発展と社会変容』文眞堂。

林雄亮（2009）「日韓労働市場の流動性と格差――転職とそれに伴う収入変化の比較分析」『社会学研究』86、7-31頁。

石田浩・佐藤香・佐藤博樹・豊田義博・萩原牧子・萩原雅之・本多則惠・前田幸男・三輪哲（2009）「信頼できるインターネット調査法の確立に向けて」『SSJ Data Archive Research Paper Series』42。

伊藤実（2001）「内部育成と中途採用のスパイラル的人材戦略」猪木武徳・連合総合生活開発研究所編著『「転職」の経済学――適職選択と人材育成』東洋経済新報社115-37頁。

上村泰裕（2015）『福祉のアジア――国際比較から政策構想へ』名古屋大学出版会。

川畑翔太郎（2017）「『入社3年以内に会社を辞める人』の4大特徴――自分を変えずに転職しようとしてませんか?」『就職四季報プラスワン』353。https://toyokeizai.net/articles/-/194946（2024年3月14日閲覧。）

神林博史・竹ノ下弘久（2009）「離職理由からみた日本と台湾の労働市場――自発的移動・非自発的移動の二分法を超えて」『社会学研究』86、33-63頁。

神林龍（2016）「日本的雇用慣行の趨勢：サーベイ」『組織科学』50(2)、4-16頁。

韓国教育部産業協力雇用政策課（2020）「2019年 高等教育機関卒業者就業統計調査分析資料」（元資料　교육부산학협력일자리정책과（2020）"2019년 고등교육기관 졸업자　취업통계조사 분석 자료"）。

韓国統計庁（2024）「経済活動人口調査（2024年2月）」https://kosis.kr/statHtml/statHtml.do?orgId=101&tblId=DT_1DA7A64S&vw_cd=MT_ZTITLE&list_id=B17&scrId=&seqNo=&lang_mode=ko&obj_var_id=&itm_id=&conn_path=MT_ZTITLE&path=%252FstatisticsList%252FstatisticsListIndex.do&orderBy=ASC（2024年3月14日閲覧。）

金琪憲（2011）「柔軟と差別――韓国労働市場の変化と不安定雇用」春木育美・薛東勲編著『韓国の少子高齢化と格差社会――日韓比較の視座から』慶應義塾大学出版会253-79頁。

厚生労働省（2020）「令和2年　雇用の構造に関する実態調査（転職者実態調査）」。

厚生労働省（2022）『令和4年版　労働経済の分析――労働者の主体的なキャリア形成への支援を通じた労働移動の促進に向けた課題』。
厚生労働省（2023）『令和4年雇用動向調査結果の概況』。
小松恭子（2022）「転職行動の男女差――転職前後のタスク距離と賃金変化に着目して」『独立行政法人労働政策研究・研修機構ディスカッション・ペーパー』22-05。
黒沢拓夢・下村英雄（2023）「自律的キャリア観と転職意向の関係性――職場環境を考慮した検討」『キャリア・カウンセリング研究』24（2）、1-12頁。
Long, J. S. and Freese, J. (2014) *Regression Models for Categorical Dependent Variables Using Stata, Third Edition*, Stata Press。
松原大輔（2024）「NHK辞めた『30歳女性』収入激減も"手にしたもの"――『カンボジアの病院で契約社員に』転職の訳は？」https://toyokeizai.net/articles/-/735589（2024年3月14日閲覧）。
宮本弘曉（2018）「フィールド・アイ　ワシントンDCから―①転職市場に見る日米労働市場の違い」『日本労働研究雑誌』690、88-9頁。
向山敏彦（2022）「転職のマクロ経済学」『日本労働研究雑誌』738、46-55頁。
守島基博（2001）「転職経験と満足度――転職ははたして満足をもたらすのか」猪木武徳・連合総合生活開発研究所編著『「転職」の経済学――適職選択と人材育成』東洋経済新報社141-65頁。
中村二朗（2001）「誰が企業を辞めるのか――離職性向と企業内におけるマッチング」猪木武徳・連合総合生活開発研究所編著『「転職」の経済学――適職選択と人材育成』東洋経済新報社21-44頁。
中谷充宏（2024）「『転職回数が6回もある…』そんな人が応募書類で人事担当者の懸念を払しょくできる"退職理由"の書き方」https://president.jp/articles/-/77016（2024年3月14日閲覧）。
Neumark, D.（2002）"Youth Labor Markets in the United States: Shopping Around vs. Staying Put," *The Review of Economics and Statistics*, 84(3): 462-82。
仁田道夫・久本憲夫編（2008）『日本型雇用システム』ナカニシヤ出版。
尾野裕美（2022）「就業者のキャリア自律と離転職意思，キャリア焦燥感との関連」『産業・組織心理学研究』36（1）、53-63頁。
大嶋寧子（2018）「妻の就業は夫の転職を支えるか――子どもの有無に着目して」『Works Review』13、1-12頁。
王嬌（2020）「技術者の転職意欲に影響する要因の検討――職種間比較を交えて」『同志社政策科学研究』22(1)、153-67頁。
労働政策研究・研修機構（2007）『若年者の離職理由と職場定着に関する調査』JILPT調査シリーズNo. 36。
――――（2015）『転職市場における人材ビジネスの展開』労働政策研究報告書No. 175。
――――（2024）『若者の転職動向―「雇用動向調査（平成26年～令和元年）」二次分析』JILPT資料シリーズNo. 274。

佐藤香織（2018）「企業内労働市場における転職と昇進の関係」『日本労働研究雑誌』695、80-97頁。

瀬地山角（2011）「韓国の女性労働・高齢者労働――日本・台湾との比較を通じて」春木育美・薛東勲編著『韓国の少子高齢化と格差社会――日韓比較の視座から』慶應義塾大学出版会89-112頁。

Sharone, O. (2013) *Flawed System/Flawed Self: Job Searching and Unemployment Experiences*, University of Chicago Press。

Sicherman N. and Galor, O. (1990) "A Theory of Career Mobility," *Journal of Political Economy,* 98(1): 169-92。

杉浦浩美（2015）「就労意欲と断続するキャリア――初職離職と転職・再就職行動に着目して」岩田正美・大沢真知子編著『なぜ女性は仕事を辞めるのか―― 5155人の軌跡から読み解く』青弓社、91-119頁。

鈴木紫（2022）「日本の労働市場における副業保有と転職希望」『経済政策ジャーナル』18(2)、73-95頁。

田中雅子（2007）「転職リピーターの労働志向」『SSJ Data Archive Research Paper Series』36、21-36頁。

戸田淳仁（2016）「『35歳転職限界説』の再検討」『Works Review』11、126-37頁。

Topel, R. H. and Ward, M. P. (1992) "Job Mobility and the Careers of Young Men," *The Quarterly Journal of Economics*, 107(2): 439-79。

魚住知広（2019）「若年労働者における転職意向の規定要因について――二重構造論の視点から」『2018年度参加者公募型二次分析研究会 勤労者の仕事と暮らしに関する二次分析データから見た2007年－2017年 研究成果報告書』103-16頁。

渡辺深（2014）『転職の社会学――人と仕事のソーシャル・ネットワーク』ミネルヴァ書房。

山本寛（2008）『転職とキャリアの研究――組織間キャリア発達の観点から［改訂版］』創成社。

安田雪（2008）「若年者の転職意向と職場の人間関係――上司と職場で防ぐ離・転職」『Works Review』3、32-45頁。

勇上和史（2001）「転職時の技能評価――過去の実務経験と転職後の賃金」猪木武徳・連合総合生活開発研究所編著『「転職」の経済学――適職選択と人材育成』東洋経済新報社93-113頁。

書　評

1　田中洋子編著
『エッセンシャルワーカー
――社会に不可欠な仕事なのに、なぜ安く使われるのか』　山本　圭三

2　本田一成著
『メンバーシップ型雇用とは何か
――日本的雇用社会の真実』　渡部あさみ

3　野村駿著
『夢と生きる　バンドマンの社会学』　山下　充

4　西尾力著
『「我々は」から「私は」の時代へ
――個別的労使関係での分権的組合活動が生み出す新たな労使関係』
鈴木　力

5　鈴木誠著
『職務重視型能力主義
――三菱電機における生成・展開・変容』　浅野　和也

日本労働社会学会年報第35号〔2024年〕

田中洋子編著

『エッセンシャルワーカー
――社会に不可欠な仕事なのに、なぜ安く使われるのか』

（旬報社、2023年、A5判、400頁、定価2,500円＋税）

山本　圭三
（摂南大学）

1　はじめに：本書における問題意識

エッセンシャルワーカー（以下、「ワーカー」と略記）という言葉そのものは、コロナ禍において広く人びとの間で知られるようになった。特に医師や看護師など医療関係者が最前線で奮闘している様子は、この頃に多くの人びとが目にしたと思われる。ただし、メディア等で取り上げられるのはワーカーの一部にすぎず、実際にはもっと多くの人びとが我々の生活維持のための活動に従事している。しかもワーカーたちは、社会機能の維持という重要な役割を担っているにも関わらず、報酬についてはより低くなりやすいといった「倒錯した関係」の中におかれやすいという。それが現在のワーカーたちの実情なのである。本書では、そうした「倒錯的な関係が現実にどれほどのもので、そのような状況がなぜ生じたのか」という点が、様々な領域を対象として議論される。

2　本書の概要

あくまで評者なりのまとめではあるが、本書各部の概要は次のとおりである。まず第Ⅰ部では、小売店従業員、飲食店従業員に焦点を当て、日本とドイツでの比較がなされている。このうち第1章、第3章では日本のスーパー店員、外食チェーン店員が取り上げられている。ここでは、正規労働者に求められる条件の従来からの変化が話題の中心になるが、特に第1章では変化後の条件が正社員とパートを大きく分かつかなり高い障壁になっていること、それが結果として女性のキャリア展開を阻害してきたことなども指摘されている。第3章ではさらに非正規労働者のいわゆる「基幹化」についても、実際の従業員たちの声と共に述べられている。

これに対し第2章、第4章では日本と類似した状況にあるとされるドイツでの小売店員、飲食店員の状況が述べられている。そこでは日本との違いが、働く時間の長さ・場所・仕事内容と給与・処遇の対応関係において顕著であることが指摘される（第2章）。さらに日本の学生アルバイトとは異なり、ドイツでは飲食店で働く経験が公式的な職業教育プログラムとなっている事例も報告されている（第4章）。このようにドイツの小売店・飲食店従業員の労働環境が、日本のそれと全く異なっている様子が対比的に描かれることで、日本の状況が相対的に把握できるようになっている。

続く第Ⅱ部では公共サービスの担い手として、自治体支援相談員、保育士、教員、ごみ収集作業員などが取り上げられる。ここでは正規の従業者数削減と非正規化、あるいは民間委託の進行がポイントになる。そのうえで、職種ごとに独特な事情との関係が併せて指摘されている。例えば第1章では、自治体支援職員はその業務ゆえに異動が生じにくいが、そのためにジェネラリスト型正規職とはみなされず、結果として非正規化していくことになったことなどが指摘されている。保育士（第2章）の状況に関しては、民営化推進政策により人件費を抑制する方向がもたらされたこと、他方でそうした人員体制のままに開所時間の延長がなされた結果、保育士たちの賃金がかなり抑制されることになったという。第3章では、2000年以降の教員の給与引き下げにより業務と待遇のバランスがさらに崩れて志望者の大幅低下を招いたこと、もともと臨時教員枠が補完的に活用されていたがそれすらもままならない状態に至っていることなどが指摘されている。第4章では、ごみ収集作業の民間委託が進んだだけでなく、さらにその作業が委託先社員ではない派遣労働者や日雇い労働者によって支えられているといった、一種の重層的な下請構造のような形をなす場合もあることが紹介されている。

第Ⅲ部では、看護師、介護職についての状況が取り上げられる。公共サービス職と同様の問題を抱える一方で、社会保険制度改変の影響も大きいという点がここでの大きな前提になる。このうち看護師に関しては人びとの働く様子とそれに伴う問題（生活の維持やキャリア展開など）が詳しく述べられると共に、節目節目で対策が取られつつも長きにわたって不足が継続してきたという変遷が詳しく描かれている（第1章）。介護職に関しても、具体的な現場の様子とそこで直面する過酷さが詳細に示されると共に、制度改変によってさらなる賃金減がもたらされ、結果として従業者確保の困難さが厳しさを増す様子が報告されている（第2章）。これに続き、第3章では第Ⅰ部と同様ドイツでのケア職の様子が示されている。ドイツでも担い手不足は深刻だが、その解消を目指すべくより進んだ変革（看護教育と介護教育の統合など）に取り組んでいる状況が紹介されている。

第Ⅳ部では、特に重層的な下請構造という話題のもとに、トラックドライバー、建設業従事者、アニメーターがそれぞれ取り上げられている。第1章では規制緩和の大きな影響と共に、特に下請構造の重層化がドライバーの労働条件の悪化（労働時間の延長、賃金低下など）をもたらしたこと、人手不足によるさらなる状況の悪化などが報告されている。第2章ではフリーランスである一人親方を例にとりつつ、大企業の市場進出と下請構造の重層化の進展、さらにバブル崩壊期に大企業による市場の寡占化が進んだ結果、一人親方の低所得化や建設業界全体から人が離れていった様子が描かれている。第3章では、アニメ産業における重層下請構造のもとでアニメーターたちの労働条件が悪化したこと、さらにその背後にはアニメーターにおける独特の能力評価スタイルが今日機能しづらい状況に陥っている点があることなどが明らかにされている。

最後の第Ⅴ部では、現在の状況が起こるメカニズムについて総括的な議論がなされている。そこでは、様々な分野の今日の状況は、何よりも90年～2000年代に取り組まれた政府の規制緩和と構造改革に端を発するものだとされる。それは一方で日本的雇用の範囲を狭めたことで正規／非正規の間の障壁を高めてしまい、女性の長期勤続・昇進を阻み、専門職の非正規化を後押しすることになった。他方では、重層的な下請構造において低価格競争を引き起こし、過酷な状況で労働に従事せざるを得ない人びとを生み出した。さらに社会保険の制度改革は、もともと人手が不足していた看護師や介護職の人びとをさらに厳しい状況に追いやった。このように90～00年代に展開された政策による大きなしわ寄せが根本的な原因となり、その上に領域固有の事態が折り重なった結果が、今日のワーカーの人びとを取り巻く「倒錯」的な状況として表れている、というのである。

3　本書の意義と気になった点

第Ⅰ部～第Ⅳ部では、取り上げられている各領域の現状だけでなく、これまでたどってきた制度等の歴史についても詳しく述べられている。それゆえ当該領域についての知識をもたない読者にとっても理解しやすい構成になっているといえる。また、かような事態をもたらした原因についての分析・考察についても説得的な論が展開されており、主張はどれも納得できるものである。さらに末尾では、今後に向けた根本的改革の案が、実践的な取り組み事例と共に紹介されており、今後具体的に進むべき道筋の1つがそれぞれ示されている。

以上から、本書を通して明らかにされている内容が今の日本社会の労働世界を議論するうえで欠かせないものであることは言うまでもないであろう。「あとがき」において、(紆余曲折を経たのち)「一般書を目指して」というねらいのもとに本書は執筆されたという背景についても紹介されていたが、一般書としてはもちろん、学術的にも本書の貢献は大きいだろうと評者は考えている。

本書のねらいや性格、刊行までの経緯をふまえるならば、評者の立場から各章で行われている議論に対して講評を述べることは適当ではないと思われる。そのためここでは、本書を興味深く拝読した一読者として「さらにこの点について読んでみたい」という意味で気になった点をいくつか述べておきたい。

1つは、ドイツと日本の比較に関して。本書の中では、日本の状況を相対的に把握し、今後のとり得る方針を探るための1つの目安としてドイツの事例が報告されていた（第Ⅰ部第2章、第4章、および第Ⅲ部第3章など)。他方で、第Ⅱ部や第Ⅳ部で取り上げられている領域では、そうした比較がなされていなかった。

もちろん、この点によって本書の意義が失われるわけではない。ただ一方で、第1部や第3部でのドイツとの比較から示唆される内容についても納得できる一読者としては、こうした領域における様子も気になった。ドイツが自由化や規制緩和という日本と共通の経験を持つとして、こうした領域の人びとの様子は日本とどう異なっているのか。日本の状況を相対化し、今後の見通しを考えるうえでも、こうした領域におけるドイツの事例も読んでみたいと感じられた。

もう1つは、エッセンシャルワーカーの人びとの、自身の仕事に対する認識・意識についてである。第Ⅲ部第2章の末尾において、介護士の仕事において感じる「やりがい」について紹介されていたが、単純に他の領域におけるワーカーたちの「やりがい」の感じ方も気になった。また、それ以外にもワーカーたちの「エッセンシャル」な仕事に従事していることについての認識・意識も気になった。後者については特に、自分の従事している仕事が「エッセンシャル」なものであること、その社会における重要性をよく理解しているワーカーほど、「自分が今ここで手を止めてしまったら…」といったように、他者のためを思って（決して良くない条件であったとしても）その仕事を続けようとするのではないか、とも予想されるためである。

仮にそれが正しいとするならば、我々の日々の生活はワーカーたちのそうしたいわば「プロ意識」的なものに支えられている、それを頼りにしているものである、ということになる。仕事内容と報酬における「倒錯」的な関係があるにもかかわらず、エッセンシャルワークがそのワーカーたちによって何とか維持されているのは、こうした側面によるところも大きいのではないか、という仮説は本書での議論にも密接にかかわると思われる。いわゆる「やりがい搾取」的な構図の広がりを確認するという意味でも、読者としてはこのような点に関しても読んでみたいと感じられた。

おわりに

コロナ禍のひっ迫した状況からはある程度移行しつつあるため、人びとがワーカーたちのことを気にすることは一時期よりも少なくなっているかもしれない。しかしそのような今日であっても、我々の生活がワーカーたちの仕事によって支えられている、という事実は変わらない。さらにワーカーたちの置かれている状況が劇的に改善しているわけでもない点もまた事実であろう。それらの事実を忘れない、事実から目を背けない為にも、本書は多くの人びとに読んでいただきたいものであると評者は考えている。

日本労働社会学会年報第34号〔2023年〕

本田一成著

『メンバーシップ型雇用とは何か
——日本的雇用社会の真実』

（旬報社、2023年、46判、228頁、定価1,600円＋税）

渡部あさみ
（岩手大学）

1．本書の問題意識と目的

本書は、「メンバーシップ型雇用とは何か」という問題意識に基づき、メンバーシップ型雇用がいかに形成されたのか、その解明を試みた労使関係論の研究書である。著者は、アメリカ生まれのチェーンストア産業のメンバーシップ型雇用に着目し、企業別組合を労組としてだけでなく、労働者の集団として見て実像を追っている。そこから、メンバーシップ型雇用の起源、形成過程、帰結などの検証を試みている。こうした研究方法からは、歴史研究とも認識することもできる本書であるが、その目的は、ジョブ型雇用をめぐる議論への批判的検討にある。本書は、日本企業におけるジョブ型雇用をめぐる議論の延長にありながらも、その背景にある問題に着目する。すなわち、長時間労働という宿命を背負う日本企業で働く正社員の問題について、メンバーシップ型雇用という視点からひも解くことにより、メンバーシップ型雇用をいかに修正するのかを検討しているのである。労使関係について、長年にわたり情熱を持って研究してきた著者だからこそ、こうした視点からの分析ができると言えよう。これからの日本における「働き方」・「働かせ方」を模索する上で、熟読すべき研究書である。以下、本書の概要を紹介した上で、評者の関心に基づく論点提示と若干のコメントを記したい。

2．本書の構成と内容

本書は、序章、第一章～第三章、終章の構成となっている。その内容は次の通りである。

序章「『メンバーシップ型雇用』を問い直す」では、ジョブ型雇用をめぐる議論や制度変更に触れ、メンバーシップ型雇用を問い直す着眼が欠如していることを指摘している。働き方改革における優先課題は、正社員か非正社員によって異なる。すなわち、正社員については長時間労働の是正、非正社員については同一価値労働同一賃金に他ならない。しかしながら、こうした労働者の要求は、ジョブ型に移行すると言いながらメンバーシップ雇用を続けようとする使用者に阻まれ続けている。その結果、ワークライフバランスと言いながら、もっぱら女性の就業継続の拡充に傾注し、性別役割分業は変わらず、むしろそれを前提としてジェンダーギャップ指数劣悪国であり続けているのである。それでは、こうした状況をどのようにしていけばよいのか。著者は、疑似メンバーシップ型雇用を経験して通過した日本社会が純化の飽和点を迎え、反転に向っているという認識を示す。ジョブ型議論はその一例であり、安直なジョブ型雇用移行の前に、反転はあっても、メンバーシップ型雇用からの離脱が必然であるかどうかを問うべきであるとする。それゆえ、本書はメンバーシップ型雇用への抵抗や反転について観察できる好例として、1950年代後半に欧米からいわば輸入されたチェーンストアに着目するのである。

第1章「黎明期の『メンバーシップ型雇用』」では、チェーンストア黎明期の1950年代から1970年代に労組が誕生し、メンバーシップ型雇用へ向かっていった様子を描いている。当時の賃金の決め方は粗雑ながらも、企業成長とともに賃金は上がっていった。高賃金にひかれて、他社からの入社希望者が多かった。採用された労働者たちは徹底的に働くことに嫌気がさせば、すぐに退職していったが、労働者の流入と流出は徐々に落ち着いていった。1950年代後半から労組結成が相次いで以降、その活動の最大の原動力は長時間労働への抵抗であったことを予兆するものであったと記されている。

続く第2章「『メンバーシップ型雇用』の形成」では、1970年代に、労働者たちが企業と働き方をめぐる交渉を重ねるうちに、メンバーシップ型雇用が固められていく姿を描いている。チェーンストア業界労組は、当初、賃金も労働時間短縮も獲得しようとしていた。しかしながら、労働者たちが長時間労働で苦境に立つのが常態となった。労働者たちに長時間労働を肯定したり、受け入れたりする意識が大きくなる中、業界労組は熱心に賃上げに取り組み、高賃金獲得にまい進した。長時間労働と引き換えに賃金が取引される格好となり、正社員にとって、労働時間の課題が残されたままにとなった。一方、パートタイマーの活用が進んだことを受け、パートタイマーの組織化を図ったが、進展は遅々としていた。そうした状況は、正社員と同等に働くパート基幹化がみられるようになっても同様だったため、現在でも非正規社員の賃金に関する課題は残ったままとなっている。

第3章「『メンバーシップ型雇用』とは何か」では、労働者からみた労働と生活のタイポロジーから、日本の労働市場、労働者の宿命、F型雇用、労働組合の説明を通じ、メンバーシップ型雇用とは何かを論じている。この章では、正社員・非正社員の労働者それぞれが背負う「労働者の宿命」について、「M型雇用」と「F型雇用」という概念提示をしながら、「メンバーシップ型雇用」の「設計図」を明らかにし、著者の主張が展開されている。「M型雇用」とは日本の正社員の圧倒的多数は男性(male)であることを意味し、真っ直ぐに労働時間を奪われる労働者を意味する。「F型雇用」とは、M型雇用を支えているのは女性(female)であることが多いことに起因し、賃金が奪われる労働者を意味する。F型雇用の労働時間の的は小さいため奪われにくいが、賃金が奪われやすい労働者である。企業別組合は、男性正社員主義であり、非正社員の取り組みが脆弱であると言われる。その理由は、同じ仲間であり連帯できるとはいえたとしても、宿命の違う労働者を企業別組合が取り繕っても有効な活動ができているわけではないためである。また、勢力も権力も大きいM型雇用が優先される現実がある。メンバーシップ型雇用の外にいるF型雇用は、正社員にあらず、というだけでなく、ケアする側という積極的な意味を与えられる。企業にはメンバーシップ型雇用のメンバーであるM型雇用とメンバーではないF型雇用が混在している。生活を視野に入れると、F型雇用とは、M型雇用によって生み出されたメンバーシップ型雇用の成立要件なのである。

以上の考察をもとに、終章では、「働き方改革」を題材に、将来の変革へ向けた課題を提示している。それは、正社員にとっては労働時間を、非正社員にとっては賃金を狙われ奪われることを避ける手段をいかに持つことができるかを考察することでもある。「働き方改革」は、ほぼ50年にわたり改革に取り組んでも実現できていない事実の延長上に存在している。強固なジェンダーギャップがある場合のみ通用する、家庭生活をケアする側とケアされる側のいびつな関係が存在するがゆえに、長年解決できない課題とも言えよう。こうした理由から、筆者は、「働き方改革」の”余暇時間の拡大”ではなく“ケアの改変”を意味する「暮らし方改革」を提唱する。そのためには「F型を見よ！」と筆者は主張する。すなわち、労働組合はF型雇用を優先課題対象に引き上げて「労働者の宿命」に対抗する取り組みを続けることが求められているのである。

3. 本書の意義と若干のコメント

本書は、メンバーシップ型雇用を構成するM型雇用と、M型雇用を支えるF型雇用の存在を明らかにし、両者の持つ「労働者の宿命」がそれぞれ異なることを明らかにした。それぞれの「労働者の宿命」を踏まえ、M型雇用と整合性を持つ企業別組合において、「暮らし方改革」という視点からF形雇用の問題に取り組むことの重要性を明らかにしたことに本書の意義があると言えよう。意欲、情熱にあふれる挑戦的な一冊である本書を研究者、学生はもちろん、M型雇用・F型雇用双方の労働者、専業主婦等、様々な選択をした方々に広く手に取っていただきたい。

最後に、評者が興味深く感じた論点、および、それらに対する若干のコメントを記し、書評を閉じたい。

第一に、チェーンストアに焦点を絞り、戦後日本に誕生した産業において、なぜメンバーシップ型なのか、なぜ企業別組合なのか、豊富な事例をもとに分析している点についてである。例えば、1965年以降、採用がジョブ型でも、ジョブ型雇用の実現は難しく、賃金制度の改定で職能給へ移行したダイエーの事例からは、チェーンストア業界において、なぜ職能給が普及したのかが理解できた。しかし、当時の状況について十分な見識を有していない評者には、チェーンストア業界における職能給の特徴はいかなるものなのかという疑問が残った。当時の日本企業における職能給の運用動向に触れながら、当時のチェーンストア業界内外の職能給の特徴を明らかにすることによって、メンバーシップ型雇用の形成過程についてより深く理解することに繋がるのではないだろうか。

第二に、M型雇用とそれを支えるF型雇用という視点から、日本社会における雇用と家庭生活に関する問題を提起している点である。M型雇用は、家庭を顧みることなく働き、家庭におけるケアには無関心になりがちである。F型雇用や専業主婦はそうしたM型雇用を支え、M型雇用はそれなしには働くことができないと筆者は述べる。女性が仕事か子育てかを選ぶ社会、すなわち、結婚や子育てをするのであれば、F型雇用を選択せざるを得ない社会の先行きは明るくないだろう。筆者は、「働き方改革」ではなく、「ケアの改革」の重要性を主張しているが、少子高齢化社会の進展を背景に、勢力も権力も大きいM型雇用の労働者が優先されてきた労働運動のあり方の再考は急務である。

そこから導かれるのが、第三の論点である。本書は、異なる「労働者の宿命」を持つM型雇用とF型雇用が抱える問題に関し、同じ仲間であり連帯できるとはいえたとしても、宿命が違うゆえに、企業別組合が有効な活動ができているわけではないと指摘する。この指摘は非常に勇気が要る指摘であると同時に、近年、著者が取り組む「クミジョ」研究がいかに挑戦的なものであるかを物語る。これからの「働き方」・「働かせ方」を展望する上で、M型雇用の労働者とF型雇用の労働者が、労働時間も賃金のどちらも奪われないための労働運動を模索しなくてはならないだろう。労働時間も賃金のどちらも奪われないための労働運動はあるのか、それはいかなるものなのか。ジェンダーギャップ指数劣悪国と記される日本における「クミジョ」研究の発展、および、F型雇用の問題に寄り添った労働運動の展開に心から期待したい。

日本労働社会学会年報第35号〔2024年〕

野村駿著

『夢と生きる　バンドマンの社会学』

（岩波書店、2023年、46判、334頁、定価2,600円＋税）

山下　　充
（明治大学）

本書は制度化された「正規のルート」とは異なり「音楽で成功する」といった夢を掲げて活動するバンドマンたちがたどる夢追いの職業達成経路を通して，現代日本で夢を追う若者の実態とそこから浮かび上がる現代社会の姿を明らかにしようとする研究である。著者は夢追いを「実現可能性が低いものと社会的に認知され，かつ職業達成経路が曖昧なもの，すなわち『正規のルート』では達成できず，かといってどのように達成できるかもわからないような，ゆえにフリーターなどの不安定な移行が不可欠になる職業への志向性」（p.viii）と定義している。その上で，本書は夢追いバンドマンたちのライフコースを①夢追いの選択，②夢追いの維持，③夢追いの断念という3段階から検討している。

序章「夢追いの社会学に向けて」では，夢追い研究の成果と若年者の職業選択に関する先行研究を整理している。戦後の日本社会において若者たちが将来の夢としてきた職業の変遷を分析し，夢追いと呼ぶ職業が将来の夢となったのは高度経済成長期に生まれ育った世代からであること，その後専門職希望が拡大・定着し，公務員や教員などの安定した職業への希望が拡大する一方で，夢追いの職業について一定の指示が存在し続けたことを示している。若者にとっての将来の夢は，教育を要件化していくと同時に，情報社会科・消費社会科という社会状況を反映しているとした。

第2章では夢追いの対象としてアマチュアのバンドマンたちを聞き取り調査の対象として設定し，彼らの活動のきっかけについて検討している。インタビューから家族と学校が音楽活動を始めるきっかけとなっていること，進路形成の中心に音楽活動が存在すること，「ライブハウス共同体」に参入し自分のやりたいことがバンド活動であると認識したものが夢追いの選択に踏み切るとした。著者は，これを従来の「不適応-離脱」モデルに変わる「適用-離脱モデル」として提起している。

第3章では夢追いのバンドマンたちがフリーターとなる背景を探っている。バンドという集団で活動する上で，メンバーの時間と場所を共有するためにフリーターが最適な選択であるという規範が存在することで積極的にフリーターの選択・維持がなされているとした。一方で，これとは異なるフリーターを敢えて選択しない正社員バンドマンたちの語りも考察してる。

第4章では夢を追い続けるメカニズムについて考察している。彼らの夢に対する語りには年齢による違いが確認できる。若手バンドマンは「音楽で売れる」と語るのに対して，中堅バンドマンは，「音楽を続ける」や「やりたいことをやっているだけ」などの語りが含まれるようになる。ライブハウス共同体の中で「本来なら売れるべきバンド仲間」が売れない現実に直面し「音楽で売れる」と言う夢が掲げにくくなり，夢を変えることで夢追いを維持していると著者は解釈している。

第5章では1つのバンドの結成から解散までのプロセスを追っている。バンドはメンバー個々人の夢とバンドの夢追いという二重性の上で不安定に成立している。このため，メンバー間の夢の調整がうまくいかない場合にバンドは解散に追い込まれるとした。

第6章では家族や他者からの夢追いに対する否定や批判とそれに対する抵抗を明らかにしている。ライブハウス共同体は，標準的ライフコースとしての正規就職という考えに対してバンドマンの夢追いを守る効果を持っているとする。バンドマン同士の競争心，共同ライブ，打ち上げなどを通して世代を超えて夢追いを続けさせる準拠集団が形成されるとした。

第7章ではバンドマンたちが夢をあきらめる2つの契機を明らかにしている。第1は，身体的・精神的問題を抱えた場合である。身体を酷使した結果バンド活動ができなくなるものや，失踪やうつ病など精神的問題を抱えて離脱する者たちがこのパターンである。第2は，標準的ライフコースに抗しながら夢追いを続けるものの，年齢を重ねるに従い将来への不安が大きくなり正規就職や結婚を理由に夢を諦めるパターンである。

第8章は3名のバンドマンのライフヒストリーを取り上げて，夢追いの選択・維持・断念を考察している。夢追いのライフコースには多様性が見られるが，概ね若者文化を中心に教育・労働・家族が介在する形で夢追いが生じている。これらの関係性が変化する時，夢ライフコースには区切りがつけられる。つまり，夢追いが断念されるとしている。

評者は若者文化，若年者の職業選択について専門とは言えないので，質的研究および職業社会学の観点から所感を述べたいと思う。本書のコアの問いは，ASUC職業（人気があり，希少で，学歴不問の職業）と呼ばれる専門職の一部への夢追いが，実現が限りなく低い夢に向かって，メリトクラティックな競争から降り，フリーターなどの不安定な進路に至り，結果として最底辺の周辺的な職業に到達するハイリスクな進路であるという見立てに対し，その構造を前提としつつ，当事者の語りに依拠しながら，著者なりの実証的な反論を展開している。

著者がバンドマンの実態に迫ろうとした動機は，標準ライフコースを求める規範の強さが，一定の研究者の言説と共鳴し，社会的に共有された望ましさとして存在し続けていることを批判的に検討することにある。本書は支配的規範との葛藤を詳細なインタビュー調査から描き出している点で所期の目的を達成した成果を生みだしていると言えよう。特に2章では，学校に不適応になることで学校外の若者文化へ向かうことで離脱するという学校教育と若者文化を対立的に捉えた「不適応-離脱モデル」に対して，学校内の部活動や学校行事を若者文化に出会う重要な契機のひとつと位置づけ，学校教育に適応しつつさらなる活動を求めて学校から離脱するという「適用-離脱モデル」を示している。この枠組みは，バンドマンの実態を的確に捉えており，更なる議論に繋がる本書の理論的な貢献であるといえるだろう。

以上に加え，評者から見て2つの点を指摘したい。第1は調査対象者の選択と夢追いの職業群の性格についてである。本書ではもっぱら夢を断念する者たちの語りに依拠して夢追いの活動が語られている。これは成功者が限られている夢追いという現象を分析する点においては有効な枠組みである一方で，希少な職業について若者が挑む職業達成のルートとはそもそもどのようなものかについて探究することも対象理解を深める重要な選択肢といえるのではないだろうか。

著者が先行研究から参照しているASUC職業群は，確かに「正規ルート」から外れること，職業への到達や成功確率が低く，その意味でリクスが高いことについては共通性が高いといえる。しかしその職業を個別にみると，制度的な選抜システムが確立されていると思われるスポーツ（野球，サッカー）と，最終的には変動的な音楽市場での商業的な成功が到達点と見做されるミュージシャンを同一の枠組みで扱えるのだろうかとの疑問がわく。ASUC職業群は参入や成功へのプロセスは「学歴不問」であるかも知れないが，それは参入が容易く成功が気まぐれに決まる世界であることを意味しない。その構造を捉えることこそが社会学の重要な役割のひとつであろう。

松村淳（2021）は建築家の研究において「標準化されない技術の習得プロセス」を，ブルデューやクロスリーを引用しつつ「ゲームのルール」として記述している。専門的職業にはその分野ごとのゲームのルールがあり，参加者は社会的資源を長期にわたって投入し，様々な機会を利用することによってゲームのルールを獲得し，参加者としてゲームを遂行し，これが成否に大きく関係する。第7章の夢追い断念の分析では，著者は商業的な成功が断たれていくプロセスを積極的に概念化していない。しかし，多くの対象者が音楽市場での商業的成功を語っていることからも，市場（オーディエンス）との関係性がどのように夢追いに影響を与えているのか――つまり断念の引き金になっているか――をはじめとした，この領域の「ゲームのルール」を論じることは実態を理解する上で有益な枠組みを提供するだろう。特定のライブハウスに安住することが，成功から遠のく可能性を示唆する語り（pp.214-216）からは，準拠集団を意識的に選択することもゲーム遂行において成否を左右するポイントであると解釈可能である。さらに，スタジオミュージシャンへの志向（pp.173-176）や，正社員でバンド活動を続けている者（pp.120-129）が紹介されているが，対象の多様性を類型化し，それらをより明確に位置づけることでミュージシャンたちの世界を構造的に把握できるように思われる。

第2は対象者たちの人生における音楽活動の意味である。第8章ではバンドマンのライフヒストリーを取り上げている。これは標準的ライフコースからの単なる逸脱ではない彼らの人生にとっての音楽活動の意味を捉えることを可能にする。バンドは人生の中で一時期に熱中し最後には離脱する一過性の経験に過ぎないのだろうか。著者は現代は夢追いが求められる時代であるとしている。バンドマンに限らず，スポーツ，芸能など多くの局面で夢追いをしている若者たちは，その後の人生においてその経験をどう振り返りどんな人生を歩んでいくのだろう。この観点を深めれば階層論的視点とは異なる解釈をさらに展開できるだろう。

「正規ルート」の世界においても複数のキャリアを経験することがより一般的になっていくとするならば，現代社会でわれわれはより断片化されたキャリアを生きることになる。人生の最終盤になったとしても夢を求められる社会になるのかも知れない。その時に著者が問う夢追いという観点はより豊かな分析の可能性を拓くように思われる。葛藤と曖昧さを生きるプロセスが拡大すれば，本書の分析における先駆的な試みがさらにいきるだろう。著者の今後の活動に大いに期待したい。

〔参考文献〕

松村淳 2021『建築家として生きる——職業としての建築家の社会学』晃洋書房。

日本労働社会学会年報第35号〔2024年〕

西尾力著

『「我々は」から「私は」の時代へ
──個別的労使関係での分権的組合活動が生み出す新たな労使関係』

（日本評論社、2023年、A5判、212頁、定価2,900円＋税）

鈴木　　力
（岐阜大学）

1　はじめに

近年の労使関係研究においては集団的労使関係に関する研究書の発表が続いており、労働市場に対する労働組合の規制機能や労働組合の組織化機能などについて問題意識をもつものが多いといえる。日本における労働組合の組織率の低下が指摘されて久しく1995年頃を頂点に一貫して組織人数の後退が続いている。本書においては、日本の労働組合員数の減少について問題意識を持つとともに、1990年代に企業内で進められた成果主義改革と個別化された人的資源管理に対する労働組合の取り組みの不足を指摘する。この取り組みの遅れが組合離れの原因と捉え、本書では企業内の労働者個人または職場レベルにおける労使関係に焦点を置き、「個別的労使関係での分権的組合活動」として分析を行っている。具体的な分析対象は、狭義には労働者個人間の労使関係を指し、広義には職場委員等を中心とした職場における「自立・当事者型」の活動領域としている。本書は今日の個別化された労使関係において、職場レベルにおける問題を組合役員が代行してしまうことで組合員が「観客化」されていると捉え、職場における当事者の自主管理活動が労働組合の再活性化につながるという仮説を元に検証を行っている。

2　本書の概要

ここで、本書の内容を各章ごとに紹介する。第1章は、本書の調査研究の目的と問題意識および仮説であり、上述の目的・問題意識・仮説をもとに、組合員の関心やニーズが職場という空間領域で起きる個別的労使関係問題に移動しているという認識の下、労働組合の再活性化を企図している。ここでは、個別的労使関係における労働組合の役割を強調することについて、企業と労働組合間の集団的労使関係を軽視するものではないこと、個別的労使関係には労働組合の関与を必要としないという「ノンユニオニズム」の論調に与しないこと、団体交渉を中心とする集団的労使関係の終焉論についても異議を唱えるという前提に立ち、個別的労使関係での分権的組合活動の活発化が集団的労使関係での集権的組合活動の活発化を促し・補完する関係にあるという仮説を立てている。

第2章では個別的労使関係での分権的組合活動に着目した先行研究を整理している。本書は労働組合が企業内において影響力を行使できず企業外の春闘に力を注いできた一方で、春闘の機能不全が指摘されるとともに、企業内の個別的労使関係における労働組合活動を再評価する研究は仁田道夫、石田光男、久本憲夫、三好勉らによって蓄積されてきていることを指摘する。そして、広義における個別的労使関係での分権的組合活動すなわち職場における自主管理活動の評価を巡る小池和男と熊沢誠の論争に触れ、本書は小池が指摘する職場慣行を生み出した「職場の準自立集団」の存在を評価した上で、小池とは異なりこれを労働組合活動に含まれるものと捉え「職場自主管理活動」として調査視点を設定している。

第3章は、本書の調査における分析枠組みと作業仮説を設定している。調査対象となる企業別労働組合は組合員約2万人強、オープンショップ制、組織率99%と非常に高い。当該労組が組織されている企業は2001年以降に賃金・人事制度について成果・業績重視へと変更が行われている。これらの制度改革は労働組合から雇用確保のために政策提言していた経緯もあり、労組は2003年以降組合加入2年目の組合員を対象に1泊2日で被評価者セミナーを開催し、企業の目標管理・人事考課を個別の労使交渉・協議の機会と捉えるための講義を実施してきた。このセミナーと個別的労使関係への影響を調査するため、本書はアンケートとメールインタビューを行い個別的労使関係での分権的組合活動の存在と、労働者の帰属意識を明らかにする。そのなかで会社と労組の両方に帰属意識をもつPP型（二重帰属満足型）の組合員が労働組合の主流となり育成すべきタイプであることを立証するとしている。

第4章は、組合役員アンケート分析の結果分析である。ここでは、労組が実施した被評価者セミナーの成果を検討している。個別的労使関係での分権的組合活動には会社と労組の双方に帰属意識のあるPP型の組合員の存在が不可欠であるが、調査から役員の40.2%がPP型と確認された。また、被評価者セミナーが組合員の二重帰属満足度を高めていることや、個別的労使関係の改善がPP型の育成に結びついていることも確認された。そして、被評価者セミナーについては個別的労使関係を改善させたという回答者が多く、実際に職場における自主管理活動としては、職場におけるミーティングの開催や課題の共有、上司への報告と同僚への情報のフィードバックなどが取り組まれていた。

第5章は、労働組合員である管理職へのアンケートの分析であり、職場の担当課長が被評価者セミナー受講後の部下の言動の変化について、どのように認知しているのかを明らかにしている。結果をみるとセミナー受講前後で配置の移動もあることも考慮すべきであると前提した上で、部下の変化を感じた管理職は少数であったが管理職とのコミュニケーション上の改善や仕事へのモチベーションの向上を感じたという回答があったとする。また、過去に被評価者セミナー参加した管理職にとっても、部下との職場関係に役立っているという回答も存在していた。そして自由回答においては管理職が行う部下の人事評価制度上の課題が記述され、本書はこうした記述も踏まえ労組が個別的労使関係における交渉・協議力を強化する取り組みを重視する必要性を述べている。

第6章は、組合員のアンケート分析を行っており、回答数が全体的に少なくなっていることを前提にしつつ、仮説を裏付けるような回答結果を示している。すなわち、個別労使交渉・協議力（発言力）の発揮が、上司との人間関係と目標管理・人事考課制度満足度を高めており、そのことが会社と労働組合両者への二重帰属満足度を高め、労働成果を上げていくことを示しているとする。さらに、職場の自主管理活動がもたらすものとして、自主管理活動から職場のチームワークやエンゲージメント、キャリア自律度を経由して労働成果に結びついていることが示されたとしている。

第7章は、管理職、組合役員、組合員とのメールインタビュー調査の結果を分析しており、管理職へのインタビューからは被評価者セミナー参加後の部下の様子について、モチベーションにおける意欲や積極性に変化があったことや、コミュニケーションにおける改善を実感したと回答している。組合役員へのインタビューからは、被評価者セミナーの参加によって役員自身の仕事の振り返りや課題整理、スケジュール確認などの習慣が養われたことや、セミナー後に職場で上司や同僚とミーティングを設置し実施してきたこと、個人評価について同僚同士で話し合う意識へと変化したことなどを回答している。組合員へのインタビューからは、人事異動に関する自己の要望を上司に伝えたり、業務の進捗状況について上司への報告など上司から協力や支援を取り付けるような面談をしていることが明らかとなった。また、個別面談の事前準備、面談や上司とのコミュニケーションについて職場で共同して取り組まれていることなどが回答されている。

第8章は、本書のまとめとして、まず労使関係論がウェッブ以来の労働組合の方法論として集団的労使関係での団体交渉すなわち労働力の集合取引が常識とされ、個別的労使関係が取り上げられることは少なかったことを指摘する。本書は成果主義による目標管理・人事考課制度は経営側にとっても管理職の評価負担を増やし、従来の団体交渉による全従業員を律する省力的な労使関係のメリットを減ずる改革であり、経営側にとっても危険を伴うものと結論する。労働力の個別取引関係のもとでは、管理職による部下のマネジメントが事業計画の達成と人材の育成に結実するために、この個別労使交渉・協議の場こそ労使関係論が労働組合の機能を発揮するものとして捉え直すことを提起している。しかしながら、近年の日本の職場では個別的労働紛争が多発する一方で、職場の労働組合が問題解決の当事者となることがなく、公的機関や企業外の個人加盟ユニオンへの相談が主となっている。このような状況にあって、本書の調査は職場の労働組合による個別的労使関係での分権的組合活動とその成果を明らかにしたものとしている。

3　本書の意義と若干のコメント

近年の労使関係における研究動向においては、企業外における個人加盟型ユニオンの研究や、産業レベルの労働組合組織の研究、団体交渉を通じた企業内労使関係の研究が多いなかにあって、職場レベルの個別的労使関係における自律的な当事者型の労働組合活動の領域を研究した貴重な研究蓄積といえる。調査研究においても、アンケートやコロナ禍という事情もあるなかでメールインタビューを利用することによって職場レベルの労使コミュニケーションと職場における自主管理活動の関わりが丁寧に分析されている点は、今日の職場の実態と労働組合機能の関係を解明することに寄与するところが大きいといえる。

そして本書の調査研究に対して若干のコメントをさせてもらえば、本書の調査対象労組の実施している被評価者セミナーについて、それがどのような内容であるのか詳細に記述されると調査労組の取り組みに対する理解がより深いものになったといえる。例えば、労組が会社の目標管理・人事考課制度をどのようなものとして捉え、組合員にどのような支援を行おうとしているのかなど関心を集めるところである。また、この被評価者セミナーの実施と職場の自主管理活動の相関について、インタビューの回答をみるとセミナー受講後の時間経過やセミナーの受講前後で部署が変更になっていることによって、現在の職場における活動との連関が曖昧となっている回答者などが存在していた。これは、アンケート回収率とも関わることであるが、この労組主催のセミナー受講経験と自主管理活動の繋がりがより明瞭になると本書の主題となる個別的労使関係での分権的組合活動の解明に寄与するところがより大きかったのではないかと思われる。また、これは今後の本書の研究の展開との関係では、セミナー参加組合員と不参加組合員との比較検討が行われると本書の仮説を補強することになったのではないかと思われる。

また、本書が提起する個別的労使関係における分権的組合活動が集団的労使関係での集権的労働組合にどのように接続するのかということについて、本書では十分に展開されたとはいえないため、今後の研究によってそれら二つの労働組合の活動領域の相互補完的な関係性について解明されることを期待したい。

日本労働社会学会年報第35号〔2024年〕

鈴木誠著

『職務重視型能力主義
――三菱電機における生成・展開・変容』

（日本評論社、2023年、A5判、320頁、定価6,000円＋税）

浅野　和也
（三重短期大学）

本書は、三菱電機における人事処遇制度について「職務重視型能力主義」の観点から、労使関係も含めた歴史的経緯をたどりながら体系的に考察している。「職務」と「職務遂行能力」は相反するものと思いがちだがそうではなく、「あくまでも『職務遂行能力』は『職務』を遂行する『能力』であり、能力主義の前提は『職務』であったと考える」（13頁）ところを見落としてはならないのである。また、「職務」をどのように捉えどのように処遇に反映させているのか、労働組合との交渉や協議の進み方などにも言及している。

本書の構成

本書は序章から終章を含めた全12章で構成され、「第Ⅰ部　経営民主化のなかの『能力』と『職務』」（第1章から第2章）、「第Ⅱ部　職務重視型能力主義の登場」（第3章から第4章）、「苦境に立つ職務重視型能力主義」（第5章から第8章）、「第Ⅳ部　役割主義の台頭」（第9章から第10章）となっている。以下、大まかではあるが各章の特徴について紹介する。

序章は、著者の問題意識と課題の提起である。三菱電機の社員格付制度とその原理を考察するにあたりとくに職務重視型能力主義について、「いわゆる職能資格制度を、能力的資格制度、職能的資格制度、新職能資格制度という3類型に分け」（14頁）、「『職務遂行能力』は『職務』を遂行する『能力』」であって、「人事処遇制度の基軸が『年功』から始まり、『職務』に転換しようとしたが失敗し、その結果『職務遂行能力』へと推移した通説的理解に対して異議を唱える」（15

頁）ことで、職務の位置づけや内実を明らかにすることを示している。

第1章は、戦後の学歴身分制について論じている。1948年の改定を経て1950年に全員が従業員として処遇されることとなったが、「事務系統」「技術系統」「技能系統」という3つの職能系統が設けられ、各系統には身分の階層があり学歴と性別が基準となっている。身分を決定する基準として「能力」が示されたものの、「必ずしも実際の現場で発揮される能力ではなく、その人に備わっている一般的能力、あるいは学校教育で習得するような学術的知識や知的能力を指すものとして理解されていた」(53〜54頁）のである。

第2章は、1950年に導入された職階制について論じている。著者は三菱電機における職階制について、「その後の三菱電機において職務重視型の人事労務管理が展開されたことを考えると、その萌芽が戦後直後期にみられたことは重要な意味があったといえよう」(58頁）と強調する。当然ながら職階制は賃金との結びつきが重要である。当時の三菱電機では月給者（ホワイトカラー）と日給者（ブルーカラー）とに区分されている。双方の第二手当において、前者は職務ごとの定額ではなく6つに分けた職階係数に本給を乗じて算定される。また、人としての格付も含んでいることから、人事考課の要素も持ち合わせている。後者は職階給の比率は小さい。7つに分けた職階時給によるが、請負率や加給率も乗じるので能率給とも言える。身分に規定された本給は人事考課による定期昇給制、つまり個人の「能力」なのだが、合わせて「職務評価に基づく『職務』の価値序列を導入」(66頁）が受け継がれていくことを指摘している。

第3章は、学歴身分制から能力主義的処遇制度への移行について論じている。まず職能系統が8つに細分化され資格の階層が設定された（初任資格も設定)。資格の進級は試験と自動進級（最長滞留年数の設定あり）による。また、職能系統の変更は、「中卒者、高卒者であろうと大卒者と同じ職能系統で処遇されることが可能」(99頁）なことから、学歴格差が縮小された。昇給基準は、「1つの資格に1つの昇給基準が設けられて」おり（100頁)、大卒者の場合は資格の進級と職能系統の変更に取り組まなければ増加は難しいしくみになっている。高卒ホワイトカラーでは昇給基準は低いものの、職能系統の変更によって不満を和らげつつ意欲を高めることを意図している。高卒ブルーカラーは高卒ホワイトカラーと同じ昇給基準であり、勤続年数が伸びていけば処遇も高まっていく。こうした制度改定は、「『職務遂行能力』という一貫した基準によって編成された職能系統・資格に全従業員を格付け、資格進級と職能系統変更をシステマティックに実施することによって、整合的で納得度の高い社内秩序を確立しようとするものであった」(101頁)と指摘する。

第4章は、同じく1968年に行われた職階給(主にブルーカラー)の改定について論じている。改定によって「三菱電機は社員の処遇を『職務遂行能力』と『職務』の2つの面からみる必要があるとし、『職務遂行能力』を本給に、『職務』を職階給に反映させることを意図していた」(117頁)ことが特徴である。なお職階給は管理職務、企画職務、主務職務、監督職務は「職階給＝職階定額×人の格付係数」(同頁)、一般職務は「職階給＝職階定額×職階加給率」(同頁)となる。こうした改定から職階給は「本給から分断され、あくまでも職階定額を基準として決定される仕組みへと変更され」(118頁)、本給との比率もおよそ50：50となった。「『職務』に基づいて職階給が決定されている以上、1968年改定後の職階給は職能給ではなく職務給であるといえる」(120頁)のである。

第5章は、1978年に行われた人事処遇制度の改定について論じている。まず資格制度の体系が職能群(専門職能群・基幹職能群)、職能系統(基幹職能群に主事系統・技能系統)、資格の3段階に区分された。「職能系統の細分化を廃止しつつも、『職務』と関連づけて職能系統を分けているため、三菱電機の資格制度は能力的資格制度ではなく、従来の職能的資格制度を再編して制定された新職能資格制度の一類型であった」(148頁)と指摘する。ただし、職階給では職務の変更により格付変更が生じ降号となれば賃金が下がるのだが、自動進級と最長滞留年数の廃止が行われたこともあり、降号補償の拡充と資格対応職階給保障が新設された。「職務」への評価を放棄するものではなかったのである。

第6章は、1986・1993年に行われた人事処遇制度の改定について論じている。1986年の改定では、「それまでの本給における能力給的要素と従来の職階給を組み合わせた」(170頁)資格職階給が賃金項目に新設された。資格職階給は資格給と職階給とに分かれ、前者は本給で薄まった人事考課の要素が加わったことで「従来と比して考課幅が広が」(171頁)り能力評価の比重が高まった。後者は職階加給制が廃止され「『成果の格付』が行われることとなった」(同頁)。

1993年の改定では、技師系統の最上位資格である技師正が廃止されて主任技師が新設、「主事系統と同列にする」(176頁)ことでモラールアップを図った。また、資格職階給のウエイトが変更され資格給の比率が増すこととなった。これらの改定は職務重視型能力主義を放棄するのではなく、納得性を高めるための取り組みであることを強調している。

第7章は、大卒ホワイトカラーの能力主義(1978年改定)について論じている。大卒ホワイトカラーの主なルートは主事系統から専門職能群(主幹、主事、参与)をたどることになる。職階制度における職務分類は、主務職務、専門企画職務、管理職務が該当するが、「管理職務、専門企画職務は職務級を設けていない」(203頁)ので、業績にリンクした評価となる。専門職能群の賃金は「資格ごとに設けられた月俸テーブルに基づいて処遇され」(205頁)る。そして、1981年の役職制度改定で専門職制度が解消され、資格と役職が分離し「管理職層の月俸は役職対応から資格対応となった」(208頁)ことから、「職務」を無視した能力主義管理に傾いたことを強調する。

第8章は、専門企画職務(中間管理職層)における組合員範囲の議論について論じている。会社側は課長職はすべて非組合員との見解を提起したが、「結果として、ラインを持った管理職層にあるのか、または重要な機密にかかわる経営に参画している『職務』か否かによって組合員と非組合員の区分をすることになり、会社側と労働組合との間で一人ひとりについて協議し、決めることとなった」(224頁)のである。この「職務」による判断こそが重要な論理であることを指摘する。

第9章は、1998年に管理職層に導入された職群制度(役割等級制度)について論じている。「職群は『役割』の価値」とし、「専門職能群の者を全て専任とし、そのうち1職群から4職群の4段階に分けられた職群により処遇を決めるよう変更」(238頁)した。職群格付は、縦軸に4段階の「権限・責任の範囲・独立度」、横軸に3段階の「事業への貢献度、革新・困難度」としたマトリクス図で示すことができる。各人の格付けは「役割・成果レビュー制度」でフォローとフィードバックをしながら毎年9月に見直しが行われる。経験年数や在級年数などは加味しないので降格や早期抜擢がしやすくなった。三菱電機における役割主義は「職務」と「成果」を基軸にした制度への転換であって、職務重視型能力主義への回帰ではないのである。

第10章は、一般社員に2004年に導入された役割等級制度、役割・職務価値制度についてである。専門職能群・基幹職能群はそれぞれ専門企画系統（「経営活動の中核的実行層」「経営遂行上の役割」）・基幹系統（「経営活動の基盤的実務遂行層」「業務運営上の役割」）へと変更された。専門企画系統の4つの職群はA・B・C・D職群に名称変更され最上位はA職群となった。基幹系統では、「役割」の大分類としてT群（総合職、4等級）、F群（監督職、3等級）、S群（現業職、5等級）に区分された。また、「役割・成果レビュー制度」が全社員対象となり、「役割・職務価値制度という名称の役割等級制度は『職務』と『成果』を基軸としてい」（266頁）るのである。賃金は役割給へと変更され、高い役割と成果を上げることで処遇に格差が出やすくなったと同時に、定期昇給と職能給は廃止されたので年功的要素はかなり薄まったといえる。

終章は、本書での問題提起に即した三菱電機での特徴をまとめたうえで、昨今の「ジョブ型雇用論」「働き方改革」「人事制度改革」に言及している。

本書の意義と若干のコメント

本書の特筆すべき点は、三菱電機における度重なる人事処遇制度改定の推移を丹念に追跡し、制度の特徴にとどまらず労使間での議論からそれぞれの見解を導き出し合意に至るプロセスまでを含んでいること、そして終始一貫した「職務」へのこだわりを抽出したことであろう。能力主義管理と職能資格制度の広がりと停滞に関して、「能力」「年功」「職務」「成果」などが混在してしまわないように細心の注意を払って整理できていることも重要だろう。

評者は自動車産業の人事労務管理・労使関係・人的資源管理を研究対象としているのでやや視点がずれるが、以下、読後のコメントをしたい。

まず第1に、労働者に支給される平均的な賃金額がわかりにくいこと、給与明細がイメージしにくいことである。様々な賃金項目やその比率などは理解できるのだが、それらをトータルしておよそどのくらい支給されているのかは多くの読者が知りたいのではなかろうか。ブルーカラー・ホワイトカラーの違い、ポイント年齢別・職位ごとの額、所定外賃金のウエイトなどを含めて制度の改定を追跡できるとより実態が浮き彫りになるのではないか[1]。

第2に、人事処遇制度は生産と技能・スキルなどと関連が強いことを前提とすることが重要だと考えられる。企業の成長・発展は生産品目の増加や設備の拡張と関係する以上、労働者の技能形成や教育訓練にも影響を及ぼす。柔軟な異動や応援も必要になってくる。例えば、鳥取三洋電機の携帯電話組立工場では、工場の海外移転や過剰在庫などによって業績が悪化、2001年にベルトコンベアを廃止して「一人屋台生産方式」を導入した[2]。三菱電機においても様々な生産体制の見直しが行われたと思われる。とくに「職務」を強く意識している企業だけに作業の変更・見直しなどは処遇の改定と不可分な関係にあるのではないか。

最近の人材活用と企業価値の向上による「人的資本」「人的資本経営」では、人材を囲い込むだけでは不十分であり、人材から選ばれることがより重要となっている。こうした環境変化に多くの日本企業がどのように取り組んでいくのか、「職務」にこだわる三菱電機の処遇への影響などについて、筆者の考察に期待したい。

〔注〕

1　例えば杉山（2004）では、トヨタの賃金制度について格差に着目して多面的に考察している。

2　山田・片岡（2001）を参照されたい。

〔参考文献〕

杉山直（2004）「トヨタの賃金制度（上）（下）」『賃金と社会保障』No.1371・1372、2004年6月上旬・下旬号所収

山田日登志・片岡利文（2001）『常識破りのものづくり』NHK出版

日本労働社会学会会則

(1988年10月10日　制定)
(1989年10月23日　改訂)
(1991年11月 5 日　改正)
(1997年10月26日　改正)
(1998年11月 2 日　改正)

［名　　称］

第 1 条　本会は、日本労働社会学会と称する。

2　本会の英語名は、The Japanese Association of Labor Sociology とする。

［目　　的］

第 2 条　本会は、産業・労働問題の社会学的研究を行なうとともに、これらの分野の研究に携わる研究者による研究成果の発表と相互交流を行なうことを通じて、産業・労働問題に関する社会学的研究の発達・普及を図ることを目的とする。

［事　　業］

第 3 条　本会は次の事業を行う。

⑴　毎年1回、大会を開催し、研究の発表および討議を行なう。

⑵　研究会および見学会の開催。

⑶　会員の研究成果の報告および刊行(年報、その他の刊行物の発行)。

⑷　内外の学会、研究会への参加。

⑸　その他、本会の目的を達成するために適当と認められる事業。

［会　　員］

第 4 条　本会は、産業・労働問題の調査・研究を行なう研究者であって、本会の趣旨に賛同するものをもって組織する。

第 5 条　本会に入会しようとするものは、会員1名の紹介を付して幹事会に申し出て、その承認を受けなければならない。

第 6 条　会員は毎年(新入会員は入会の時)所定の会費を納めなければならない。

2　会費の金額は総会に諮り、別途定める。

3　継続して3年以上会費を滞納した会員は、原則として会員の資格を失うものとする。

第７条　会員は、本会が実施する事業に参加し、機関誌、その他の刊行物の実費配布を受けることができる。

第８条　本会を退会しようとする会員は書面をもって、その旨を幹事会に申し出なければならない。

［役　　員］

第９条　本会に、つぎの役員をおく。

⑴　代表幹事　１名

⑵　幹　　事　若干名

⑶　監　　事　２名

役員の任期は２年とする。ただし連続して2期4年を超えることはできない。

第10条　代表幹事は、幹事会において幹事の中から選任され、本会を代表し会務を処理する。

第11条　幹事は、会員の中から選任され、幹事会を構成して会務を処理する。

第12条　監事は、会員の中から選任され、本会の会計を監査し、総会に報告する。

第13条　役員の選任手続きは別に定める。

［総　　会］

第14条　本会は、毎年1回、会員総会を開くものとする。

２　幹事会が必要と認めるとき、又は会員の3分の１以上の請求があるときは臨時総会を開くことができる。

第15条　総会は本会の最高意思決定機関として、役員の選出、事業および会務についての意見の提出、予算および決算の審議にあたる。

２　総会における議長は、その都度、会員の中から選任する。

３　総会の議決は、第20条に定める場合を除き、出席会員の過半数による。

第16条　幹事会は、総会の議事、会場および日時を定めて、予めこれを会員に通知する。

２　幹事会は、総会において会務について報告する。

［会　　計］

第17条　本会の運営費用は、会員からの会費、寄付金およびその他の収入による。

第18条　本会の会計期間は、毎年10月1日より翌年9月30日までとする。

［地方部会ならびに分科会］

第19条　本会の活動の一環として、地方部会ならびに分科会を設けることができる。

［会則の変更］

第20条　この会則の変更には、幹事の2分の1以上、または会員の3分の1以上の提案により、総会の出席会員の3分の2以上の賛成を得なければならない。

［付　　則］

第21条　本会の事務執行に必要な細則は幹事会がこれを定める。

2　本会の事務局は、当分の間、代表幹事の所属する機関に置く。

第22条　この会則は1988年10月10日から施行する。

編集委員会規程

（1988年10月10日　制定）
（1992年11月３日　改訂）

1. 日本労働社会学会は、機関誌『日本労働社会学会年報』を発行するために、編集委員会を置く。
2. 編集委員会は、編集委員長1名および編集委員若干名で構成する。
3. 編集委員長は、幹事会において互選する。編集委員は、幹事会の推薦にもとづき、代表幹事が委嘱する。
4. 編集委員長および編集委員の任期は、幹事の任期と同じく2年とし、重任を妨げない。
5. 編集委員長は、編集委員会を主宰し、機関誌編集を統括する。編集委員は、機関誌編集を担当する。
6. 編集委員会は、会員の投稿原稿の審査のため、専門委員若干名を置く。
7. 専門委員は、編集委員会の推薦にもとづき、代表幹事が委嘱する。
8. 専門委員の任期は、2年とし、重任を妨げない。なお、代表幹事は、編集委員会の推薦にもとづき、特定の原稿のみを審査する専門委員を臨時に委嘱することができる。
9. 専門委員は、編集委員会の依頼により、投稿原稿を審査し、その結果を編集委員会に文書で報告する。
10. 編集委員会は、専門委員の審査報告にもとづいて、投稿原稿の採否、修正指示等の措置を決定する。

付則1. この規定は、1992年11月3日より施行する。

2. この規定の改廃は、編集委員会および幹事会の議を経て、日本労働社会学会総会の承認を得るものとする。

3. この規定の施行細則（編集規定）および投稿規定は、編集委員会が別に定め、幹事会の承認を得るものとする。

編集規程

（1988年10月10日　制定）
（1992年10月17日　改訂）
（幹事会承認）

1. 『日本労働社会学会年報』（以下本誌）は、日本労働社会学会の機関誌であって、年1回発行する。
2. 本誌は、原則として、本会会員の労働社会学関係の研究成果の発表に充てる。
3. 本誌は、論文、研究ノート、書評、海外動向等で構成し、会員の文献集録欄を随時設ける。
4. 本誌の掲載原稿は、会員の投稿原稿と編集委員会の依頼原稿とから成る。

投稿規程

（1988年10月10日　制定）
（1992年10月17日　改訂）
（2002年 9月28日　改訂）
（2011年12月15日　改訂）
（2014年 7月 5日　改訂）
（2020年 8月22日　改訂）
（幹事会承認）

［投稿資格および著作権の帰属］

1. 本誌（日本労働社会学会年報）への投稿資格は、本会員とする。なお、投稿論文が共著論文の場合、執筆者のうち筆頭著者を含む半数以上が本会会員であることを要する。
2. 本誌に発表された論文等の著作権は日本労働社会学会に帰属する。ただし、著作者自身による複製、公衆送信については、申し出がなくてもこれを許諾する。

［投稿原稿］

3. 本誌への投稿は論文、研究ノート、その他とする。
4. 投稿する論文は未発表のものに限る。他誌への重複投稿は認めない。既発表の有無・重複投稿の判断等は、編集委員会に帰属する。ただし、学会・研究会等で発表したものについては、この限りではない。

［執筆要項］

5. 投稿は、パソコン類による横書きとする。

6. 論文及び研究ノートの分量は24,000字以内（図表込：図表は1つにつき400字換算）とする。また、書評は4,000字程度とする。

7. 原稿は下記の順序に従って記述する。
題目、英文題目、執筆者名、執筆者ローマ字、本文、注、文献、字数。

8. 本文の章・節の見出しは、次の通りとする。
1. 2. 3…、(1) (2) (3) …、1) 2) 3) …

9. 本文への補注は、本文の箇所の右肩に (1)、(2)、(3) の記号をつけ、論文末の文献リストの前に一括して掲載する。

10. 引用文献注は下記のように掲載する。
引用文献注は本文の該当箇所に（　）を付して、（著者名　西暦発行年：引用ページ）を示す。引用文献は論文末の補注の後に、著者のアルファベット順に著者名、刊行西暦年（丸括弧で囲む）、書名（または論文名、掲載誌名、巻号）、出版社の順に一括して掲載する。また、同一の著者の同一年度に発行の著者または論文がある場合には、発行順にa, b, c, …を付する。

11. 図、表、写真は別紙とし、次のように作成する。
(1) 本文に該当する箇所の欄外に挿入箇所を朱書きして指定する。
(2) 図・表の文字の大きさは、別紙で定める図表基準に従うこと。
(3) 図・表の番号は、図1、表1のように示し、図・表のそれぞれについて通し番号をつけ、表にはタイトルを上に、図にはタイトルを下につける。
(4) 図・表・写真等を他の著作物から引用する場合は、出典を必ず明記し、必要に応じて原著者または著作権保持者から使用許可を得ること。

［申込みと提出］

12. 投稿希望者は、以下の項目を記入し編集委員会宛に申し込む。
(1) 氏名、(2) 電話番号、e-mailアドレス、連絡先住所、(3) 所属機関、(4) 論文、研究ノートなどの区分、(5) 論文の題目、(6) 使用ソフトの名称及びバージョン（MS Wordの場合は記載不要）。

13. 当初の投稿は原稿（氏名を入れたもの1部、氏名を伏せたもの1部）を、編集委員会が指定するアドレスに添付ファイルで送信する。

[原稿の採否]

14. 投稿論文は複数の審査員の審査結果により、編集委員会が掲載の可否を決定する。

15. 最終段階で完成原稿を編集委員会が指定するアドレスに添付ファイルで送信する。

[図表基準]

16. 図表は次の基準により作成するものとする。

(1) 図表のサイズは年報の1頁以内に収まる分量とする。

(2) 図表作成の詳細については、原稿提出後に出版社との調整があるので、その指示に従い投稿者の責任において修正することとする。

[付記]

1. 本規程の改訂は、幹事会の承認を得なければならない。
2. 本規程は、2020年8月22日より実施する。

日本労働社会学会幹事名簿（第36期）

幹　事

清山　　玲	（茨城大学）	代表幹事
勝俣　達也	（専修大学）	事務局長
岡村　佳和	（江戸川区福祉部）	会　　計
宮地　弘子	（職業能力総合大学校）	会　　計
小谷　　幸	（日本大学）	
西野　史子	（一橋大学）	
上原　慎一	（北海道大学）	
跡部　千慧	（東京都立大学）	
清水友理子	（浜松学院大学）	
渡辺めぐみ	（龍谷大学）	
呉　　学殊	（労働政策研究・研修機構）	
戸室　健作	（千葉商科大学）	
小川　慎一	（横浜国立大学）	
鈴木　　力	（徳山大学）	
三家本里実	（福島大学）	
山根　清宏	（琉球大学）	

監　事

吉田　　誠　（立命館大学）
鈴木　　玲　（法政大学）

年報編集委員会

松永伸太朗　（編集委員長）
飯田　未希　（編集委員）
近間　由幸　（編集委員）
山縣　宏寿　（編集委員）

編集後記

『日本労働社会学会年報』35号をお届けいたします。まず、編集作業に想定よりも時間を要しまして、会員のみなさまに本号をお届けするのが大変遅れてしまいましたことをお詫び申し上げます。35号は、3本の特集論文と5本の書評、ならびに1本の投稿論文で構成される運びとなりました。投稿論文については、前号では掲載することができませんでしたので、1本の論文を掲載できたことを嬉しく思っております。今後、さらに会員のみなさまからの投稿をいただき、複数本の掲載が叶えばと思っております。例年、エントリーをいただいたのち投稿は見送られる方もいらっしゃいますが、査読のプロセスのなかで論文の質が向上し、結果として掲載に至るということもよくあることかと思います。査読者とのやりとりも含めて研究を磨く場として捉えていただき、奮って投稿をご検討いただければと思います。加えて、査読をご担当いただく先生におかれましても、投稿者の研究レベル向上を後押しするようなコメントをいただければと思っております。

今回も、雑誌の編集にあたりまして、各種原稿を取りそろえる過程では各執筆者の先生方、書評対象作の著者の先生方をはじめとして、多大なご支援を賜りました。私事ながら、『年報』の編集委員を2年、編集委員長を2年務めさせていただき、任期の関係で幹事からは離れ、次の編集委員会に『年報』の編集を引き継ぐことになります。とくに編集委員長としての2年間は自分の未熟さを痛感するばかりでしたが、多くの先生方から編集委員会へのお力添えをいただけましたこと、改めてこの場を借りて厚く御礼申し上げます。

今後も、引き続き学会員の皆々様が、研究史上の第一線でご活躍されますことを確信すると共に、祈念申し上げる次第です。

（松永　伸太朗）

ISSN　0919-7990

日本労働社会学会年報 第35号
労働社会の変容とワーキングプア
2024年12月20日　発行

□編　集　日本労働社会学会編集委員会
□発行者　日本労働社会学会
□発売元　株式会社 東信堂

日本労働社会学会事務局
〒214-8580
神奈川県川崎市多摩区東三田2-1-1
専修大学人間科学部　勝俣達也研究室気付
TEL 044-900-7811　内線9110
E-mail tkatsumata@isc.senshu-u.ac.jp
学会 HP　https://www.jals.jp

株式会社 東信堂
〒113-0023　文京区向丘1-20-6
TEL　03-3818-5521
FAX　03-3818-5514
E-mail tk203444@fsinet.or.jp
東信堂 HP　http://www.toshindo-pub.com

ISBN978-4-7989-1942-3　C3036

「日本労働社会学会年報」バックナンバー（28号以降）

人口減少下の労働問題
—日本労働社会学会年報㉘—
日本労働社会学会編
〔執筆者〕今井順・木下武男・清山玲・高木朋代・丹野清人・宮本みち子・今野晴貴・鎌田とし子・鎌田哲宏ほか
A５／208頁／2500円　978-4-7989-1448-0　C3036〔2017〕

〈自律的〉労働を問う
—日本労働社会学会年報㉙—
日本労働社会学会編
〔執筆者〕今井順・京谷栄二・川上資人・大槻奈巳・伊原亮司ほか
A５／160頁／2000円　978-4-7989-1515-9　C3036〔2018〕

生活という視点から労働世界を見直す
—日本労働社会学会年報㉚—
日本労働社会学会編
〔執筆者〕鎌田とし子・古田睦美・鈴木玲・宮下さおり・熊沢誠・松永伸太朗・永田大輔・吉田耕平・長谷川美貴ほか
A５／216頁／2500円　978-4-7989-1602-6　C3036〔2019〕

移住労働者と労働世界の構造変化
—日本労働社会学会年報㉛—
日本労働社会学会編
〔執筆者〕惠羅さとみ・高畑幸・宮入隆・坂本啓太・小谷幸ほか
A５／192頁／2400円　978-4-7989-1665-1　C3036〔2020〕

COVID-19と労働
—日本労働社会学会年報㉜—
日本労働社会学会編
〔執筆者〕中囿桐代・小村由香・松永伸太朗・永田大輔ほか
A５／152頁／2000円　978-4-7989-1746-7　C3036〔2021〕

日本における労働者教育の現状と課題
—日本労働社会学会年報㉝—
日本労働社会学会編
〔執筆者〕安谷屋貴子・小谷幸・筒井美紀・竹信三恵子・松永伸太朗ほか
A５／152頁／2000円　978-4-7989-1821-1　C3036〔2022〕

人口減少時代における地方の若者と経済的自立
—日本労働社会学会年報㉞—
日本労働社会学会編
〔執筆者〕阿部誠・廣森直子・中澤秀一ほか
A５／152頁／2000円　978-4-7989-1875-4　C3036〔2023〕

※　ご購入ご希望の方は、学会事務局または発売元・東信堂へご照会下さい。
※　本体（税別）価格にて表示しております。

東信堂

市場都市イギリス・ヨークの近現代
—市場再編と貧困地域　　武田尚子　六九〇〇円

安藤昌益
—社会学者から見た昌益論　　橋本和孝　二五〇〇円

地域社会学研究と社会学者群像
—社会学としての闘争論の伝統　　橋本和孝　五九〇〇円

コミュニティ思想と社会理論
—社会関係における日本的性格　　橋本和孝・吉原直樹・速水聖子 編著　二七〇〇円

有賀喜左衞門
　　熊谷苑子　二三〇〇円

自然村再考
　　高橋明善　六四〇〇円

地域自治の比較社会学—日本とドイツ
　　山崎仁朗　五四〇〇円

日本コミュニティ政策の検証
—自治体内分権と地域自治へ向けて　　山崎仁朗編著　四六〇〇円

原発災害と地元コミュニティ
—福島県川内村奮闘記　　鳥越皓之編著　三六〇〇円

自治体行政と地域コミュニティの関係性の変容と再構築
—「平成大合併」は地域に何をもたらしたか　　役重眞喜子　四二〇〇円

さまよえる大都市・大阪
—「都心回帰」とコミュニティ　　鰺坂学・徳田剛・西村雄郎・丸山真央 編著　三八〇〇円

地域のガバナンスと自治
—平等参加・伝統主義をめぐる宝塚市民活動の葛藤　　田中義岳　三四〇〇円

現代日本の地域分化
—センサス等の市町村別集計に見る地域変動のダイナミックス　　蓮見音彦　三八〇〇円

現代日本の地域格差
—二〇一〇年・全国の市町村の経済的・社会的ちらばり　　蓮見音彦　二三〇〇円

社会制御過程の社会学
　　舩橋晴俊　九六〇〇円

組織の存立構造論と両義性論
—社会学理論の重層的探究　　舩橋晴俊　二五〇〇円

「むつ小川原開発・核燃料サイクル施設問題」研究資料集
　　湯浅陽一・茅野恒秀・舩橋晴俊・飯島伸子・金山行孝 編著　一八〇〇〇円

新版 新潟水俣病問題
—加害と被害の社会学　　堀田恭子・茅野恒秀・飯島伸子・舩橋晴俊 編　三六〇〇円

環境問題の社会学
—環境制御システムの理論と応用　　舩橋晴俊・古川彰 編著　三八〇〇円

被災と避難の社会学
　　関礼子編著　二三〇〇円

※定価：表示価格（本体）＋税　　　〒113-0023　東京都文京区向丘1-20-6　　TEL 03-3818-5521　FAX03-3818-5514
Email tk203444@fsinet.or.jp　URL:http://www.toshindo-pub.com/